근대의학과
의사 독립운동 탐방기

근대의학과 의사 독립운동 탐방기

연세대학교 의과대학 의사학과
엮음

임상 없는 의학을 생각할 수 없듯이, 현장 답사 없는 역사학도
상상하기 어렵다. 때로는 한 번의 현장 답사가 방대한
분량의 문헌고증 이상의 성과를 내기도 한다. 연세의대
의사학과는 제중원 134주년과 3·1운동 100주년을 맞이하여
의사독립운동을 발굴·정리하면서 근대의학과 국내외
의사(醫師) 독립운동 유적에 대한 답사 안내서의 필요성을
절실하게 느꼈다. 시내 한복판에서 만날 수 있는 유적조차도
눈을 크게 뜨고 보지 않으면 놓치기 십상이고, 국내외를
막론하고 도시개발 과정에서 자취조차 찾기 어려운 현장도
적지 않게 존재했기 때문이다.

이 책에는 지난 2년간 연세의대 의사학과 구성원들이 발로
뛰며 조사했던 기록들이 고스란히 남아 있다. 기록과 현장이
일치하지 않아 같은 곳을 몇 번씩 방문하기도 했고, 현장에
아무것도 남아 있지 않거나 너무 많이 변해서 어쩔 줄 몰라
했던 기억도 생생하다. 그럼에도 불구하고, 아무도 찾지
않았던 근대의학 유적을 찾아간다는 것, 어떠한 보상도 없이
가족과 자신의 삶을 희생하면서까지 민족의 자주독립을 위해

청춘을 바쳤던 선배 의사들의 삶을 쫓아가는 것만으로도
설렘과 기대감으로 가득했다. 다른 한편으로는 3·1운동
100년이 지나도록 국내외 독립운동에 헌신했던 여러
선배들의 활약상도 잘 알지 못하고, 머나먼 이국땅에 표지석
하나도 세워두지 못한 현실에 부끄럽기도 하였다.

어쩌면 3·1운동 100주년은 백년의 결산이 아니라 새로운
시작인지도 모르겠다. 많은 것들을 새로 발굴하고 정리하느라
적지 않은 누락이 있을 것이다. 앞으로 계속적인 수정·보완을
통해 선배들의 업적을 잘 보존하고 정리할 계획이다.
가깝게는 재동 제중원 유적부터 멀리는 울란바토르,
치치하얼, 블라디보스토크 등에 이르기까지 근대의학
도입기에 시작된 제중원·세브란스인들의 근대의학의
흔적과 독립운동의 숨결을 많은 사람들과 공유할 수 있기를
기대한다.

2019년 3·1운동 100주년에 즈음하여
의사학과장 여 인 석

책머리에   04

─────────────────────── 국외 편 ───────────────────────

대한민국임시정부의 고향

상하이   대한민국임시정부 청사   17
           고려의원·해춘의원·삼일의원   20
           시후폐병요양원 상하이진료소   26
           중국홍십자회총의원   28
           대한적십자사·적십자간호원양성소   30
           상하이일본총영사관·세웅의원   32
           루쉰공원 매헌   34
난징   기독의원   39

만주 독립운동의 거점

치치하얼   김필순농장   48
            북제진료소   50
하얼빈   안중근의사기념관   53
            고려의원   55
            동삼성방역처 및 우렌더기념관   57
            731세균전부대박물관   59
룽징·옌지   구세병원, 숭신학교   62
            제창병원   64
            간도일본총영사관 옛터   66
            윤동주 생가 및 묘소   69

개척과 이주의 땅

울란바토르	이태준기념공원 및 기념관	78
블라디보스토크	개척리	82
	해성의원	84
	신한촌 항일운동기념탑	87
	서울거리	90

국내 편

독립을 선언하고 지휘한 수도

북촌 · 종로	중앙고등보통학교 숙직실	101
	보성사, 독립선언서 배부 기념비	104
	재동 제중원	106
	태화관	109
	탑골공원	111
	종로 YMCA	114
	보신각	116
정동 · 남대문	구리개 제중원	119
	덕수궁 대한문, 선은전 광장	121
	시위병영	123
	도동 세브란스병원, 남대문교회	125
서대문 · 마포	서대문독립공원	128
	딜쿠샤(앨버트 테일러 가옥)	130
	연세 역사의 뜰, 알렌기념관, 동은의학박물관	133
	마포 전차 종점	136

독립운동의 진원지

화성 · 수원	수촌리 3·1독립운동기념비, 수촌교회	143
	제암리 3·1운동순국기념관	145
	수원자혜병원 3·1운동 만세시위지	148

| 고양 | 행주양수장 1호 용소간선수로, | |
| | 이가순·이원재 부자 숭덕비 | 151 |

경남 만세운동의 주역 도시

함안	이태준 생가 터	159
	도천재	161
	삼일독립운동기념비	163
김해	배동석 지사 생가 터	167
	김해교회	170
진주	진주교회	172
	배돈교회	174

개항과 전시구호의 거점

부산	부산대학교 의과대학 의학역사관	182
	제생의원 개원 터	184
	부산대학교 부속병원	187
	김성국의원	188
거제	세브란스 구호병원	191

민족실력양성의 본거지

공주	영명학교, 샤프·사에리시 선교사가옥	199
	공주제일교회, 기독교박물관	202
	공제의원	204
천안	독립기념관	207

일제 수탈을 이겨낸 평야

익산	3·1운동기념비	216
	3·1독립운동 4·4만세기념공원	219
	삼산의원	221

전주   예수병원, 의학박물관   225

정읍 · 김제   화호리 구 일본인농장 가옥(구마모토농장 가옥),

쌀창고 및 화호중앙병원   228

죽산면 구 일본인농장 사무실(하시모토농장 사무소)   231

군산   이영춘 가옥   234

3·1운동역사공원   237

멜볼딘여학교   240

근대역사박물관   242

독립과 선교를 향한 열망의 실현

강릉   강릉중앙감리교회, 기도소 터   249

강릉 3·1독립만세운동기념탑   253

원주   문이비인후과   256

서미감병원   258

소초면 독립만세기념비   262

춘천   춘천중앙교회, 이병천 집터   265

춘천고등보통학교, 춘천고등보통학교   268

국외 편

치치하얼
옌지
블라디보스토크
울란바토르
하얼빈
룽징
난징
상하이

대한민국임시정부의 고향
상하이, 난징

상하이

대한민국임시정부 청사
고려의원
해춘의원
삼일의원
시후폐병요양원 상하이진료소
중국홍십자회총의원
대한적십자사·적십자간호원양성소
상하이일본총영사관
세웅의원
루쉰공원 매헌

난징

기독의원

답사의 시작은 멀고도 가까운 나라, 중국이다. 잘 알려진 바와 같이, 중국은 일제의 탄압을 받던 여러 독립운동가가 몸을 피하곤 했던 곳이었다. 중심 도시는 상하이와 난징이었다.

먼저 상하이는 치외법권 지역인 조계가 설치되어 있어 주권국가인 중국으로서는 굴욕을 상징하는 공간이었지만, 외려 독립운동가들에게는 국내외의 정치적·군사적 탄압으로부터 자유로운 공간이었다. 1919년의 3·1운동으로 독립운동의 열기가 한껏 달아오른 이후, 대한민국임시정부가 상하이에 위치한 이유가 여기에 있었다. 게다가 국제사회의 일원으로 인정받기 위해서는 적극적인 외교활동이 필요했는데, 국제도시 상하이는 이러한 목적에도 안성맞춤이었다.

유서 깊은 도시 난징 역시 마찬가지였다. 특히 난징은 상하이와 인접하여, 한국인 혁명운동가들이 동료들과 긴밀하게 연락을 주고받으며 거사를 도모하기에 알맞았다. 난징의 역사는 여기에 상징성을 더했다. 난징은 태평천국의 수도였으며, 또 1911년 신해혁명으로 수립된 아시아 최초의 공화정 정부인 중화민국 임시정부의 수도이기도 했다. 이후 난징은 혁명정부의 상징이 되었고, 혁명가들의 활동 중심지가 되었다. 1928년 장제스(蔣介石)는 북벌을 완수하고, 난징에 국민정부를 수립하였다.

국내외에서 독립운동에 참여했던 의사들도 상하이 대한민국임시정부에 참여했다. 의사 출신으로 임시정부에 참여했던 인사들로는 주현측(세브란스 1908년 졸업), 신창희(세브란스 1908년 졸업), 곽병규(세브란스 1913년 졸업), 정영준(세브란스 1915년 졸업), 김창세(세브란스 1916년 졸업), 신현창(세브란스 1918년 졸업), 나창헌(경성의전 졸업), 이희경(시카고의대 졸업) 등이 있었다. 의학생 신분으로 3·1운동 참여 후 임시정부에 참여했던 인사로는 유상규·이의경·한위건·서영완 등이 있었다. 의사로서 임시정부에서 활동했던 인물들은 정부 조직에 참여했음은 물론 상하이 시내에 병원을 개원하여 한인들을 진료하면서 독립운동자금 모금을 병행했다.

상하이와 난징에는 의사들이 활동했던 대한민국임시정부나 프랑스조계 공동국과 같은 정부기관뿐 아니라, 고려의원이나 해춘의원 같은 여러 개인병원의 자취를 찾아 돌아볼 수 있다. 당시 그들에게 진료란 단순히 사람을 고치는 일이 아니었다. 그것은 나라를 되찾는 길이기도 했다.

상하이에서는

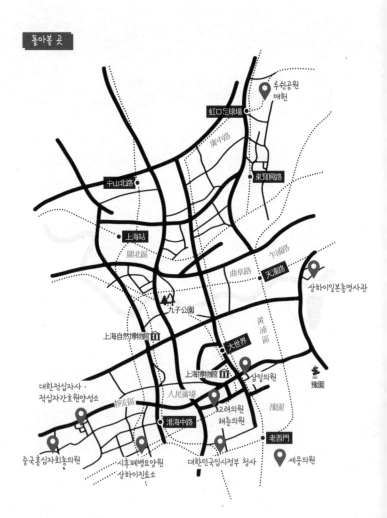

루쉰공원
매헌

虹口足球場

廣中路

東寶興路

中山北路

上海站

閘北區

曲阜路

午浦路

天潼路

상하이일본총영사관

九子公園

上海自然博物館

黃浦區

大世界

豫園

上海博物館

대한적십자사·
적십자간호원양성소

靜安區

人民廣場

장일의원

고려의원
해춘의원

淮海中路

豫園

老西門

중국홍십자회총의원

시후폐병요양원
상하이진료소

대한민국임시정부 청사

세웅의원

대한민국임시정부 청사

中國 上海市 黃浦區 馬當路 306弄 4號

3·1운동 이후 독립운동의 열기는 임시정부 수립에
대한 열망으로 이어졌다. 1919년 3-4월 동안 국내외에
8개의 정부가 수립될 정도였다. 이러한 정부들 가운데,
국내에서 출발한 한성정부(1919년 4월 1일)를 모체로 상하이
대한민국임시정부(1919년 4월 13일)와 러시아 연해주의
대한국민의회(1919년 3월 21일) 사이에서 협의가 이루어져,
1919년 9월 15일 통합정부가 출범하게 되었다.

상하이 대한민국임시정부는 1932년 4월 윤봉길 의사의
상하이 홍커우공원 의거까지 14년간 상하이에서 유지될 수
있었는데, 치외법권 지역이었던 프랑스 조계가 정치적 보호막
구실을 했기 때문이다.

상하이 대한민국임시정부의 주소지는 상하이시 마당루이다.
사실 정확한 위치는 오래도록 알려지지 않았다. 1919년
10월 17일 프랑스 조계 당국으로부터 건물 폐쇄 조치를 당한

이후로, 개인의 집이나 기관 사무소를 떠돌아다니며 사무를 보았기 때문이다. 1926년 3월에 안정적인 청사를 마련했지만, 명확한 위치가 전해지지 않기는 마찬가지였다.

정확한 위치가 밝혀진 것은 1980년대 후반의 일이다. 대한민국 정부와 상하이시는 공동으로 유적지를 찾기 위한 조사에 착수하였고, 그 결과 청사 건물을 정확하게 확정할 수 있었다. 한중 양국은 1993년 4월 13일 복구공사 완공기념식을 거행하였으며, 이로써 오늘날 볼 수 있는 전시관이 일반에게 공개되었다.

가는 길은 그리 어렵지 않다. 지하철 10호선 신톈디잔(新天地站) 6번 출구에서 마당루 방향으로 나가서 세 번째 골목에 들어서면 3층짜리 상하이 대한민국임시정부 건물과 만나게 된다. 독립운동의 구심점이 되었던 대한민국임시정부를 돌아보며, 당시의 피 끓는 마음을 느껴보자.

상하이 대한민국임시정부 매표소 입구

상하이 대한민국임시정부 내부

고려의원·해춘의원·삼일의원

[고려의원] 中國 上海市 黃浦區 淮海路東段 淮海中路 300號
[해춘의원] 中國 上海市 黃浦區 淮海路東段 淮海中路 282號
[삼일의원] 中國 上海市 黃浦區 雲南南路 8號

세브란스 출신 의사들은 임시정부 요원, 임시의정원
의원, 임시정부 산하 적십자간호원양성소 교수 등으로
활약하면서 주로 프랑스 조계 중심가인 샤페이루[霞飛路, 현
화이하이중루(淮海中路)]에 개인의원을 열었다.
상하이 대한민국임시정부에서 샤페이루로 가는 길에
중공일대회지(中共一大會址)와 만나게 된다. 1921년 7월,
그곳에서 중국공산당 제1차 회의가 개최되었는데, 불과 몇
평이 안 되는 초라한 장소였다. 현재는 중국공산당의 창당
역사를 알려주는 모던한 박물관으로 꾸며져 있다.
20세기 전반 샤페이루는 프랑스 조계뿐만 아니라 상하이에서
가장 번화한 곳이었다. 샤페이루는 프랑스 조계를
동서로 관통하는 도로로 상업적인 번영과 더불어 문화와
낭만의 거리이기도 했다. 이곳에서 의사 독립운동가들은
자신들의 개인의원을 열었다. 화이하이루 375번지는 1호선

프랑스 조계 공동국
현 화이하이중루 중환광창

황포난루(黄陂南路)역이 지나는 곳인데, 중환광창(中環廣場)이
위치해 있다. 중환광창은 옛 프랑스 조계 당국인
공동국(公董局) 청사 건물이기도 한데, 1920년대 후반 김창세가
공동국 위생과에 근무하기도 했다.

1919년 정영준은 샤페이루 220호[현 화이하이중루 300호
신스제다샤(新世界大廈)]에 고려의원(高麗醫院)을 개원했다. 1921년
주현측과 신현창은 윈난난루[雲南南路, 구 西新橋 弎弎里 8號)]에
삼일의원(弎弎醫院)을 개원했다.

삼일의원 맞은편에 한인들의 전용 교회당이자
국민대표대회가 열리던 삼일당(弎弎堂)이 위치하고 있었는데,
한인들이 삼일당에 수시로 모여들었기 때문에 한인들을 위한
병원으로서는 최적의 위치였다.

현재는 1897년 탕구루(塘沽路) 177번지에 설립되었던 서양식
레스토랑인 더다시찬서(德大西餐社)의 일부로 편입되어 있다.
지금도 옛 병원의 흔적을 어렵지 않게 찾을 수 있는 것은
거리 이름이 여러 차례 바뀌었지만 지번이 그대로 동일하기
때문이다. 단, 일부 지번은 인근 지번과 통합되어 사라지거나
일부 변경된 것도 있다. 신현창의 해춘의원(海春醫院)이 그런
경우이다. 1922년 주현측이 흥사단 활동과 선교활동을 위해
산둥(山東)으로 떠나자, 신현창은 프랑스 조계의 번화가인
샤페이루에 인접한 쑹산루(嵩山路) 54호에서 해춘의원을 열고
흥사단원들의 건강진단서를 발급하기도 했다.

고려의원 터
프랑스조계 샤페이루 220호(法租界 霞飛路 220號)

해춘의원 터
프랑스조계 쑹산로 54호(法租界 嵩山路 54號)

　　　　　　　　　　근대의학과 의사 독립운동 탐방기

해춘의원 신현창의 흥사단원 진단서(1924)

국외 편

삼일의원 터

삼일의원의 옛 주소 : 프랑스조계 시신차오 싼이리 8호(法租界 西新橋 三弌里 8號)는 사라졌지만,
지번[현 윈난난루 8호(雲南南路 8號)]은 그대로 남아 있어, 이곳이 주현측과 신창희가 개원했던
장소임을 알려주고 있다.

근대의학과 의사 독립운동 탐방기

국외 편

시후폐병요양원 상하이진료소

中國 上海市 黃浦區 淮海中路 淮海坊

김창세는 시후폐병요양원 상하이진료소[西湖肺病療養院
上海診所]를 열었다. 김창세의 진료소는 환룽루(環龍路 霞飛坊
260號)인데, 현재 화하이중루(淮海中路) 화하이방(淮海坊)이다.
화하이방은 1924년 미국선교회 보애당이 도시빈민 2,000여
명에게 주거지를 제공하고자 3층 적벽돌 구조로 199채의
공동 주거지를 건축한 곳이다. 1929년 8월, 김창세는 자신의
거주지인 이곳에 진료소를 차렸는데, 현재는 학교부지에
편입되어 있다.

근대의학과 의사 독립운동 탐방기

시후폐병요양원 상하이진료소 옛터
현재는 초등학교가 들어서 있다.

국외 편

중국홍십자회총의원

中國 上海市 靜安區 烏魯木齊中路 12號(復旦大學附屬 華山醫院)

김창세는 중국홍십자회총의원(中國紅十字會總醫院)에서
근무하기도 했다. 중국홍십자회는 1904년 설립된 만국홍십자
상하이지회가 기원인데, 1907년 중국홍십자회총의원과
의학당이 개설되었고, 1913년에는 미국 하버드대학이 5년간
위탁 경영했고, 1918년부터는 미국 안식일교회가 3년간
위탁경영했다. 이에 따라 안식일 교회 출신인 김창세가
중국홍십자회총의원에 파견된 것이다. 중국홍십자의원은
현재 푸단대학(復旦大學) 부속 화산의원(華山醫院) 안에 있다.

중국홍십자회총의원(현 푸단대학 부속 화산의원)

대한적십자사·적십자간호원양성소

中國 上海市 靜安區 延安中路 1059號 주변

1919년 4월, 상하이 대한민국임시정부 수립 후 3개월이
지난 1919년 7월 13일, 임시정부 내무부 총장 안창호의
명의로 대한적십자회가 설립되었다. 그 목적은 "전시 및
천재사변에서의 상병자를 구호하는 것"이었으며, 총사무소는
상하이 장빈루(長濱路) 아이인리(愛仁里) 39호에 두었다. 상하이
대한민국임시정부는 독립전쟁에 대비한 간호원 양성을
시급한 사업으로 인식하고 1920년 1월 31일 대한적십자회
총사무소에 적십자간호원양성소를 개설했다. 매주
18시간 총 3개월 과정이었다. 교수진으로 세브란스 출신인
김창세·정영준·곽병규 등이 참여했다. 1919년에 상하이에서
콜레라가 유행하자 대한적십자회는 교민단 사무소 내에
임시병원을 설치하여 예방접종을 실시했다. 1920년 4월
12일부터 5일 동안, 프랑스조계 푸스루(蒲石路) 14호(현 長樂路)에
위치한 대한적십자회 사무소에서 무료종두를 시행하기도 했다.

징안구(靜安區) 옌안중루(延安中路) 1059호 근처에 위치한 옌안호텔(延安中路 1111號)

옌안중루 1059호 건물

이 건물 뒷쪽 일대가 대한적십자사 옛터로 추정된다.

상하이일본총영사관·세웅의원

[상하이일본총영사관] 中國 上海市 虹口區 黃浦路 106號
[세웅의원] 中國 上海市 黃浦區 老西門 中華路 65號 惠德大厦

임시정부에서 활동한 의사들 중에는 경성의전 출신도 있었다.
나창헌(羅昌憲 또는 羅世雄: 1896-1936)은 평안북도 희천 출신으로
경성의학전문학교 4학년 재학시절에 3·1운동에 참여했다.
3·1운동 이후 나창헌은 대한민국청년외교단을 조직했고,
그 특파원으로 상하이에 파견되었다. 나창헌은 경성의전을
졸업한 후 임시의정원 의원으로 활동하면서 이승만을
탄핵하고 박은식을 후임 대통령으로 추대했다. 나창헌은
상하이 프랑스조계 바이얼루(白爾路)에서 세웅의원(世雄醫院)을
열었으며, 무장투쟁 노선을 견지하여 상하이 일본총영사관에
세 차례에 걸친 폭파사건을 주도하기도 했다.
나창헌의 자필 이력서와 진단서 등에 따르면, 그는
1922년부터 상하이에 세웅의원(世雄醫院)을 개원하였는데,
주소지는 상하이 시중화루(西中華路) 후이안리(惠安里)
세웅의원으로 되어있다. 현재의 후이더아파트[惠德大厦]가
위치한 곳(上海市 黃浦區 老西門 中華路 65호)이다.

상하이 일본총영사관 유적

국외 편

루쉰공원 매헌

中國 上海市 虹口區 魯迅公園

상하이 루쉰공원(魯迅公園) 안에는 매헌(梅軒)이라는 정자가
있다. 바로 매헌 윤봉길(尹奉吉: 1908-1932) 의사를 추모하는
기념관이다. 1932년 4월 29일, 윤봉길은 일왕의 생일을
축하하는 홍커우공원(虹口公園) 기념식에서 일제의 수뇌부에
수통폭탄을 던졌다. 윤봉길은 일본군법회의에 넘겨져
사형을 선고받았다. 이 일로 대한민국임시정부는 이 사건의
배후로 지목되어 상하이 시대의 종언을 고하게 된다. 이후
대한민국임시정부는 항저우(杭州, 1932), 전장(鎭江, 1935),
창사(長沙, 1937) 등을 거쳐 충칭(1940-1945)에 자리를 잡게 된다.

루쉰공원 매헌(윤봉길의사기념관)

1920년대 상하이에서 활동한 한인 의사들

성명	출신학교	병원명	주요 활동	공훈
김창세	세브란스연합의학교	중국홍십자회총의원	적십자간호원양성소	건국포장 (2001)
곽병규	세브란스연합의학교	적십자간호원양성소	적십자간호원양성소	대통령 표창 (2011)
정영준	세브란스연합의학교	고려의원	적십자간호원양성소	애족장 (2014)
주현측	세브란스병원의학교	삼일의원	임정 교통국 재무부 참사	애족장 (1990)
신창희	세브란스병원의학교	대한적십자회 상의원	임정 교통부 요원	애족장 (2008)
신현창	세브란스연합의학전문학교	삼일의원, 해춘의원	임정 의정원 의원	애국장 (1990)
이희경	시카고의대	대한적십자회 회장	임정 의정원 의원	독립장 (1968)
나창헌	경성의전	세웅의원, 만현의원	임정 의정원 의원	독립장 (1963)

1920-1930년대 상하이 조계

김광재, 『어느 상인 독립군 이야기: 상해 한상 김시문의 생활사』, 선인출판사, 2012.

국외 편

난징에서는

돌아볼 곳

玄武門

湖南路

玄圃

玄武門

雲南路社區

中央研究院舊址

鼓樓公園

南京大學

기독의원

唱經樓社區

新街口

青島路社區

珠江路

北門橋社區

기독의원

中國 江蘇省 南京市 鼓樓區 中山路 321號(南京大學醫學院附屬鼓樓醫院)

1911년 12월 김필순이 중국을 망명한 이후, 이태준 역시 서둘러 중국에 망명했는데, 이태준이 첫 망명지로 선택한 곳은 난징의 기독의원(基督醫院)이었다. 신해혁명의 성공과 기대 속에서, 이태준은 난징에서 새로운 활로를 찾을 수 있기를 갈망했다. 난징 기독의원은 1892년 캐나다 출신 윌리엄 맥클린(William E. Macklin: 1860-1947, 중국명 馬林) 의사가 미국기독회의 지원으로 설립한 난징 최초의 서양식 병원이었다.

맥클린은 4층 50병상 규모의 조적식 병원을 건조했고, 기독의원[현 난징대학 의학원부속 고루의원(鼓樓醫院)]이라고 칭했다. 맥클린은 "황제로부터 거지에 이르기까지 똑같이 치료한다"는 구호로 민간으로부터 환영을 받았다. 민간에서는 이 병원을 맥클린의원(馬林醫院)이라고 칭했으며, 1914년 진링대학(金陵大學) 고루의원(鼓樓醫院)으로 개편되었다.

이태준은 난징에 도착하여 신해혁명의 기운을 맘껏 누리고자
했으나, 그것도 잠시뿐 언어장벽과 생활고에 시달려야 하는
처지였다. 다행히 중국인 기독교도들을 만나서 기독의원을
알게 되었고, 기독의원 의사로 근무하게 된다. 이 시기에
이태준은 먼저 서간도로 떠난 김필순의 행적을 추적하며,
독립운동의 미래를 계획했다. 그러던 중에 김규식을 만나
몽골 지역에 비밀군관학교 설립 계획을 추진하기 위해 몽골로
떠나게 된다.

난징 기독의원
현 난징고루의원(南京鼓樓醫院)

맥클린과 기독의원

만주 독립운동의 거점
치치하얼, 하얼빈, 룽징·옌지

치치하얼

김필순농장
북제진료소

하얼빈

안중근의사기념관
고려의원
동삼성방역처 및 우롄더기념관
731세균전부대박물관

룽징·옌지

구세병원
숭신학교
제창병원
간도일본총영사관 옛터
윤동주 생가 및 묘소

오늘날 우리에게 만주는 '만주 웨스턴'이나 '얼어붙은 땅' 등의 이미지이지만, 일제강점기 당시 만주는 독립운동의 또 다른 근거지였다. 만주는 러시아와 중국, 일본 등의 이해관계가 첨예하게 얽인 이른바 문제의 땅이었지만, 독립운동가에게 이곳은 오히려 상대적으로 자유롭게 활동할 수 있는 기회의 땅이기도 했다. 어느 누구도 완전한 패권을 쥐지 못했기에, 감시와 탄압의 공백이 컸던 탓이다. 때문에 많은 애국지사들은 일제의 눈을 피해 만주로 모여들었고, 치치하얼·하얼빈·룽징 등은 자연스럽게 독립운동의 본거지로 부상했다.

먼저 살펴볼 곳은 치치하얼(齊齊哈爾)이다. 낯선 지명만큼이나, 가는 길도 만만치 않다. 2019년 현재 인천-치치하얼 직항이 없기 때문에, 치치하얼에 가기 위해서는 하얼빈공항을 거쳐야 한다. 하얼빈공항 국제선에서 시내로 들어가는 교통편이 많지 않은데, 성급히 택시를 탔다가는 바가지 요금을 쓸 수도 있다. 하얼빈공항에서 하얼빈역까지는 37.2km로 40분 내외가 소요되며 대략 택시비는 80-100위안 정도이다. 하얼빈역에서 치치하얼역까지는 320km로 우리나라 새마을호에 해당하는 둥처(動車)로 1시간 30분 내지 2시간이 소요되며, 비용은 100위안(2등석)이다.

치치하얼과 관련된 인물로는 김필순(1878-1919)이 있다. 그는 1911년 중국 망명 후 서간도 통화현(通化縣)에서 적십자병원을

설립하는 등 독립운동을 이어갔지만, 일제의 간도 소탕작전이
시작됨에 따라, 1916년 내몽골과 가까운 치치하얼로
이주했다. 치치하얼 시내 삼청전 도관에서 기거하면서 인근
용안다제(永安大街)에 북제진료소(北齊診療所)를 개설했다.
또한 김필순은 치치하얼 시내에서 100여 km 떨어져 있는
룽장현(龍江縣) 쑨싱촌(順興村)에 한인들을 중심으로 고려촌을
조성하여 이상촌을 건설하고자 했다.

다음으로 살펴볼 곳은 하얼빈(哈爾濱)이다. 하얼빈은 19세기
말 러시아가 만주진출을 위해 개발한 북만주 교통의
요지이다. 1903년 중동철도 완공 이후 러시아인과 일본인들이
본격적으로 이주했다. 러일전쟁 이후 이토 히로부미(伊藤博文)가
러시아 재무상 코코프체프를 만나 북만주 진출을 위해 담판을
열었고, 안중근 의사가 이 기회를 포착하여 하얼빈역에서
이토를 저격했다. 20세기 초 중국정부는 페스트방역의
거점으로 하얼빈에 동삼성방역처(東三省防疫處)를 설치했으며,
일제는 세균전 수행을 위해 이곳에 731부대를 설립했다.
나성호와 이원재 등 한국의 독립운동가들 역시 하얼빈을
중요한 독립운동 거점으로 삼았다.

만주에서 마지막으로 살필 곳은 옌지(延吉)와 룽징(龍井)이다.
이곳은 1910년 일제의 강제병합 이후, 한국인들이 가장
많이 이주한 곳 중의 하나이다. 옌지 지역은 원래 청조의

봉금정책(封禁政策)으로 민간인이 함부로 들어갈 수 없는 곳이었다. 이곳이 행정구역으로 편입된 것은 1902년 청 정부가 옌지청(延吉廳)을 설립하면서부터였다. 1909년부터는 옌지부(延吉府)가 되었으며, 1912년 옌지현(延吉縣), 1914년 옌지도윤공서(延吉道尹公署)가 설치되었다. 일본 침략 이후로 옌지는 젠다오성(間島省)의 직할시가 되었다. 1945년 해방 이후, 옌지현으로 회복되었다. 쥐쯔제(局子街)라는 지명은 관아 소재지가 있는 곳이라는 뜻으로 이곳이 옌지현의 행정중심지였음을 말해준다. 20세기 초 한인들도 옌지의 중심지인 쥐쯔제에 몰려들었다.

룽징은 만주 항일운동의 중심지로, 일제의 강제병합을 전후하여 한국인들이 모여든 곳이며, 민족교육과 선교활동이 활발하게 진행된 곳이다. 윤동주(尹東柱: 1917-1945)가 민족시인으로 성장할 수 있었던 것도 룽징의 민족교육 덕분이었다. 룽징이 한반도와 만주를 연결하는 정치경제적 중요한 거점도시가 되면서 일제도 간도일본총영사관을 설치하는 등 룽징의 동향을 주시했다. 3·1운동의 소식은 룽징에도 전해졌고, 룽징에서 3·13만세운동이 전개되면서 수많은 사상자가 발생하기도 했다. 룽징은 해외독립운동의 또 다른 거점이자 성지였다.

돌아볼 곳

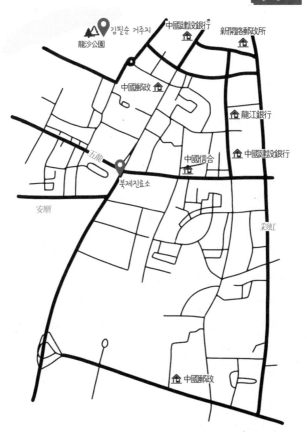

龍沙公園
김필순 거주지
中國建設銀行
新開路郵政所
中國郵政
龍江銀行
中國建設銀行
中國信合
五龍
북제진료소
安順
彩虹
中國郵政

김필순농장

中國 黑龍江省 齊齊哈爾市 龍江縣 七棵樹鎮 順興村 大溝甸

김필순 농장의 정확한 주소는 치치하얼시 룽장현(龍江縣)
치커수진(七棵樹鎮) 쑨싱촌(順興村) 다거우뎬(大溝甸)이다.
치치하얼역에서 룽장역까지는 78km로 완행열차로 1시간
30분이 소요되며, 비용은 12.5위안이다. 룽장역 인근에
시외버스터미널에서 룽장-간난(甘南)을 오가는 쑨싱촌행
시외버스를 타고 33km를 40-50분 가면 쑨싱촌에 도착한다.
쑨싱촌에서 다거우뎬까지는 대중교통이 없고 이정표나
문패도 없다. 버스에서 내리면 쑨싱촌사무소가 보이는데,
그곳에서 다거우뎬 방향을 물은 후 4km 정도를 도보로
걸어서 가야 한다. 10년 전에는 다거우뎬을 고려촌, 혹은
김고려촌으로 기억하고 있는 촌로들이 있었다고 하는데,
현재에는 이를 기억하는 사람들을 더 이상 찾을 수 없다.
다거우뎬은 10여 가구의 한족 농민들이 거주하고 있고,
대부분 옥수수 농업을 생업으로 삼고 있다.

근대의학과 의사 독립운동 탐방기

김필순농장

김필순의 거주지인 삼청전(도관, 2층 건물)

국외 편

북제진료소

中國 黑龍江省 齊齊哈爾市 龍沙區 永安大街

김필순의 거처와 진료소는 치치하얼 시내에 있다. 김필순의
거처가 관제묘라고 알려져 있는데, 사실 관제묘(關帝廟)는
관우의 위패를 모신 사당으로 일반인이 기거할 수 있는
장소가 아니다. 정확히 말하면, 룽사공원(龍沙公園) 내 관제묘
옆 도교사원인 삼청전(三淸殿) 후면의 도관이 일반인의
거처로 활용된 것이고, 김필순도 바로 삼청전 도관에
기거한 것이다. 김필순의 거주지에서 멀지 않은 곳에
용안다제(永安大街)가 있고, 그곳 어딘가에 북쪽의 제중원인
북제진료소(北濟診療所)를 열었다. 현재로선 북제진료소의
정확한 위치는 확인되지 않는다.

용안다제

이곳에 김필순의 북제진료소가 위치해 있었다.

하얼빈에서는

돌아볼 곳

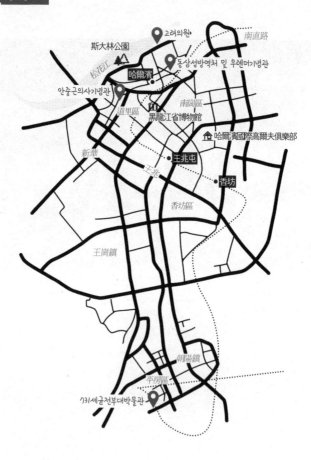

斯大林公園

고려의원

松花江

동삼성방역처 잇 우롄더기념관

哈爾濱

안중근의사기념관

道里區

南崗區

黑龍江省博物館

哈爾濱國際高爾夫俱樂部

新華

王兆屯

香坊

王兆

香坊區

王崗鎮

南直路

胡陽鎮

平房區

731세균전부대박물관

안중근의사기념관

中國 黑龍江省 哈爾濱市 道里區 安升街 85-1號

중국인들의 안중근 의사에 대한 태도는 이중적이다.
일제 침략의 원흉인 이토 히로부미를 저격한 위대한
인물이자 동양평화론의 제창자이자인 안중근 의사를 높이
평가하면서도 그의 기념관이나 조형물 제작에는 소극적인
태도를 보인다. 동북지역의 유력한 투자자들인 일본인들이
안중근 의사 기념관이나 조형물이 들어서는 것을 싫어한다는
것을 알고 있기 때문이다.

2014년 1월, 중국정부는 전격적으로 하얼빈역에 안중근 의사
기념관을 설치했다. 아울러 기념관 내부 창문을 통해 안중근
의사가 저격한 위치와 이토가 쓰러진 위치 등도 확인할 수
있다. 안중근 의사 기념관 설치에 대한 한국정부의 요구,
냉각된 중일관계 등이 반영된 결과였다. 2017년 하얼빈역
보수공수로 안중근 의사 기념관은 폐쇄되었고, 주요 전시는
안성제(安升街)에 위치한 조선민족예술관으로 이전했다.

안중근의사기념관

근대의학과 의사 독립운동 탐방기

고려의원

中國 黑龍江省 哈爾濱市 道外區 北五道區

이원재(李元載: 1886-1950)는 1914년 세브란스연합의학교
졸업 후 원산 구세병원에서 근무했고, 블라디보스토크와
하얼빈을 오가며 독립운동가인 부친 이가순(李可順: 1867-
1943, 건국훈장 애족장)과 장인 노백린(盧伯麟: 1875-1926, 건국훈장
대통령장)을 지원했다. 노백린의 첫째 사위인 이원재는
1910년대 중후반에는 하얼빈으로 이주했고, 둘째 사위인
박정식(朴廷植: 1919년 세브란스의전 졸업)과 함께 다오와이구(道外區)
베이우다오가(北五道街)에 고려의원(高麗醫院)을 개원했다.
이원재는 개업의 활동 이외에, 선교·자선사업 등을
통해 한인들의 만주 정착을 도왔다. 나성호 역시 1914년
세브란스연합의학교를 졸업했고, 이원재와 함께 니콜리스크(현
우수리스크)와 하얼빈을 오가며 독립운동을 지원했다. 나성호는
1920년대 초까지 하얼빈에서 이원재와 함께 고려의원에서
활동하다가 근거지를 치치하얼 인근의 앙앙시(昂昂溪)로 옮겼다.

1920년대 이원재의 하얼빈 고려의원
하얼빈시 다오와이구(道外區) 베이우다오가(北五道街)에 설립되었다. 사진은 고려의원이 있던 곳으로
추정된다.

나성호와 이원재가 근무하던 고려의원이 있던 다오와이구 베이우다오가

근대의학과 의사 독립운동 탐방기

동삼성방역처 및 우렌더기념관

中國 黑龍江省 哈爾濱市 道外區 保障街 140號

하얼빈의 대표적인 의학사 유적으로는

동삼성방역처(東三省防疫處)와 731박물관이 있다. 1910-

11년 만주 페스트가 유행했고, 중국정부는 페스트 방역을

위해 캠브리지대학 의학박사인 우렌더(伍連德: 1879-

1960)를 하얼빈에 파견했다. 그는 하얼빈을 중심으로 하는

만주 페스트 방역을 이끌었고, 이를 계기로 서양의학이

중국의 위생행정에서 중요한 역할을 수행하기 시작했다.

우렌더는 중국인 거주지역인 다오와이구에 동삼성방역처를

설치했으며, 자신의 집무실에 세균실험실을 설치하기도 했다.

동삼성방역처 건물은 현재도 병원 건물으로 사용되고 있으며,

집무실은 기념관으로 활용되고 있다.

동삼성방역처 및 우롄더기념관

흉상 뒤쪽 오른편이 동삼성방역처 건물이고, 왼편이 우롄더기념관이다.

731세균전부대박물관

中國 黑龍江省 哈爾濱市 平房區 新疆大街 47號

731부대는 일본이 세균전 수행을 위해 조직한 특수부대로
하얼빈시 외곽 남부 평팡구(平坊區)에 위치해 있다. 기존에는
731부대 본관 건물을 박물관으로 썼는데, 2015년 10월, 새로
박물관을 지어 재개관했다. 전체 3층 규모로 세균전, 731부대,
인체 실험, 세균무기, 세균전 실시, 증거 자료 등 6개 부분에
걸쳐 전시가 되어 있다. 박물관 신관 주변으로 기존 본관
건물, 보일러실, 실험실 등은 새로 발굴 등을 통해 유적지로
정비되어 있다.

731부대박물관(侵華日軍第七三一部隊罪證陳列館)

근대의학과 의사 독립운동 탐방기

룽징·옌지에서는

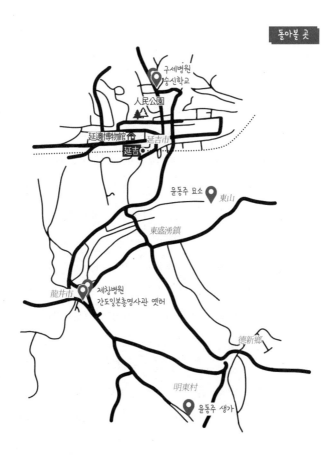

구세병원
숭신학교
人民公園
延邊博物館　延吉市
延吉
윤동주 요소　東山
東盛湧鎮
龍井市　제창병원
간도일본총영사관 옛터
德新鄉
明東村
윤동주 생가

구세병원, 숭신학교

[구세병원] 中國 吉林省 延吉縣 局子街 丙子街
[숭신학교] 中國 吉林省 延吉縣 局子街 下市場

박서양은 1917년 북간도 옌지현 쥐쯔제(局子街)로
이주했는데, 1918년경 쥐쯔제 빙쯔제(丙子街, 현 解放路
일대)에 구세병원(救世病院)을 세웠다. 박서양은 개원 첫 해에
9,700여 명의 환자를 치료했다. 박서양은 대한적십자회 의사,
대한국민회 군의관으로도 활동했다.

1919년 6월, 박서양은 옌지예수교장로회의 도움으로
국자가 동남쪽 샤스창(下市場, 현 延吉市 朝陽小學 동편)에
숭신학교(崇信學校)를 설립하고, 교사 5명과 학생 28명으로
개교했다. 숭신학교는 8-13세 아동을 대상으로 한 초등교육
기관이었다. 1923년에는 간도교육협회를 조직하여 초등교육
학제와 교과서 통일, 초등교사 양성, 중등 이상 교육기관의
확대 등을 논의했으며, 친일세력의 확대를 견제하고자 했다.
특히 숭신학교는 배일활동이 활발하게 전개되어, 학생들이
거리시위 및 순회공연 등을 실시했다. 1932년 일본영사관은

숭신학교가 불온사상을 고취하는 학교라는 이유로 폐쇄를
명령했다.

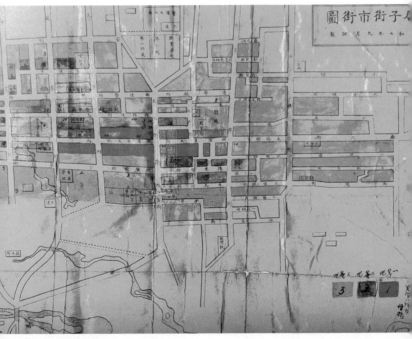

쥐쯔제 지도(1932)

제창병원

中國 吉林省 龍井市 六道河路 869號 일대

제창병원(濟昌病院)은 캐나다 장로회가 한국 선교를 확대하는
과정에서 스탠리 마틴(Stanley Martin: 1890-1941, 한국명
민산해)을 파견하여 설립한 병원이다. 제창병원은 1916년
5월, 30병상 규모로 개원했다. 1919년 3월 13일, 룽징에서
만세운동이 전개되었는데, 독립선언서를 인쇄한 곳도
제창병원이었다. 만세운동 과정에서 17명이 사망하고, 40여
명이 중상을 당했다. 마틴의 제창병원은 부상병 치료에
정성을 다했으며, 한인 독립운동에 대한 탄압이 심해지자,
제창병원은 독립운동의 사령부 역할을 담당했다. 1920년
10월, 청산리대첩에서의 참패를 만회하고자 일본군은 독립군
토벌을 명분으로 룽징 장옌리(獐岩里) 주민들에 대한 학살을
단행했다. 이른바 간도참변이었다. 마틴은 부상자를 치료하는
한편, 해외에 간도참변의 진상을 알리는 역할을 수행하기도
했다. 제창병원은 그 모습을 찾을 수 없고, 그 자리에 아파트
단지(룽징시 공안변방대대 옆)가 들어서 있다.

룡징 제창병원(1930년대)

국외 편

간도일본총영사관 옛터

中國 吉林省 龍井市 吉勝街 東端北側 六道河路 869號

1907년 8월, 일제는 "간도에 있는 조선인의 생명과 재산을
보호한다"는 명목 하에 조선총감부임시간도파출소를
설치했다. 1909년 간도협약에 의거, 일제는 동년 11월
간도일본총영사관을 설치하여, 1937년 철수하기까지
만주침략과 항일운동을 탄압하는 전초기지로 활용했다.
1922년 화재로 전소되어, 1926년 재건되었는데,
간도일본총영사관은 지상 2층, 지하 1층으로 면적은
4만 2,944m²에 달한다. 간도일본총영사관의 지하실은
반일인사들의 취조·고문·감금 등이 행해졌던 장소이고,
현재는 고문상황 등을 재현한 혁명역사전시관으로 활용되고
있다. 1938년 용정의 유지들이 의과대학 설립운동을
벌인 결과, 1940년 7월, 간도일본총영사관 부지에
룽징개척의학원을 개교하기에 이르렀다. 룽징개척의학원은
2년제였으며, 1945년까지 107명의 졸업생을 배출했다.

근대의학과 의사 독립운동 탐방기

룽징개척의학원 학생의 3분의 2는 일본인이었고, 3분의
1은 한국인이었다. 해방 이후 6년제 룽징의과대학으로
개편되었는데, 국공내전 시기 중국의과대학 제1분교 등으로
통폐합되었다.

간도일본총영사관(1909-1937)
간도일본총영사관은 일제의 침략 및 민족운동 탄압의 전초기지였으며, 철수 후에는
룽징개척의학원(1940-1945)과 룽징의과대학(1947-1948) 등으로 사용되었다.

간도일본총영사관 지하감옥

간도일본총영사관은 일본 외무대신이 직접 관리했으며, 단순 외무사무뿐만 아니라 간도 일대의
중요첩보 및 기밀업무를 담당했다. 특히 간도일본총영사관은 독립운동을 탄압했던 대표적인
기관으로 악명이 높았다. 그 관할 범위는 옌지·허룽(和龍)·훈춘(琿春)·왕칭(汪淸)과 당시
펑톈성(奉天省)에 속했던 안투(安圖) 등 5개 현을 아울렀다.

윤동주 생가 및 묘소

[생가] 中國 吉林省 龍井市 智新鎭 明東村
[묘소] 中國 吉林省 龍井市 東山教堂墓地

윤동주(尹東柱: 1917-1945)는 1917년 소학교 교사인 윤영석과
김용의 장남으로 룽징 밍둥춘(明東村)에서 태어났다. 밍둥춘은
동쪽을 밝히는 마을이라는 뜻으로 조선을 밝히는 마을이라는
뜻이다. 밍둥춘의 리더는 외삼촌인 김약연이었는데,
김약연은 밍둥춘을 중심으로 민족운동을 이끌었다.
윤동주는 명동학교와 숭실학교를 거쳐 연희전문 문과를
졸업했으며, 졸업 후에는 릿교대학과 도시샤대학을 다녔다.
고종사촌인 송몽규 등과 함께 독립운동을 한 혐의로 체포되어
후쿠오카감옥에서 옥사했다. 그 유해는 화장되어 룽징시
교회묘지에 안장되어 있다.

윤동주 생가

근대의학과 의사 독립운동 탐방기

윤동주 묘소

개척과 이주의 땅
울란바토르, 블라디보스토크

울란바토르
이태준기념공원 및 기념관

블라디보스토크
개척리
해성의원
신한촌 항일운동기념탑
서울거리

일본의 한국 침략을 전후하여, 많은 한국인은 자의반 타의반 고국을 떠나야했다. 탄압을 피해 한국을 떠난 많은 이들은 척박한 땅을 새로 일구었고, 새로운 땅에는 고국을 향한 그리움이 담긴 '신한촌(新韓村)'과 같은 이름이 붙었다. 머나먼 동토는 독립운동의 중심지이기도 했다. 한국인이 많이 모여 살았으니, 어쩌면 필연과도 같은 일이었다.

먼저 돌아볼 곳은 몽골의 수도 울란바토르이다. 몽골어로 '붉은 영웅'을 의미하는 이곳은 서울보다 약 2.2배나 크고, 차고 건조한 전형적인 대륙성 냉대기후를 보이는 도시이다. 가는 길은 생각보다 어렵지 않다. 인천에서 직항이 있으며, 약 3시간 10분 정도 소요된다. 사막, 국립공원 등 천혜의 자연을 갖추고 있으며 한국보다 북쪽에 위치하다보니 여름철이 시원하고 건조하여 6월에서 8월 사이가 여행의 최적기이다. 몽골 여행에는 비자가 필요하다.

몽골의 경제와 행정 중심지인 울란바토르에는 약 3천여 명의 한국인이 거주하고 있고, 양국 간에는 다양한 경제 및 문화 교류가 지속, 확대되고 있다. 우리가 살펴볼 사람은 한국의 '붉은 영웅' 이태준이다. 일제강점기의 독립운동가이며, '몽골의 슈바이처'로 불리는 인물이다. 세브란스병원의학교에서 도산 안창호를 만난 것을 계기로 중국 난징으로 망명했고, 최종적으로는 몽골 울란바토르에 정착하여 의업과 독립운동을 펼쳤다.

다음으로 향할 곳은 러시아 블라디보스토크이다. 러시아어로
'동방 정복'이라는 뜻을 지닌 이곳은 러시아 극동의
최대도시이다. 과거에는 소련·극동함대의 근거지였고, 동해
연안의 최대항구도시이자 군항으로 자리하고 있다. 그리고
시베리아 횡단철도의 시발점이기도 하다. 지리적으로 아시아에
위치하면서도 러시아에 속해 있기 때문에 이국적인 정취를
느낄 수 있다. 최근에 2시간 만에 도착할 수 있는 '가장 가까운
유럽'이라는 홍보 문구가 등장하면서 최근 한국 여행객들
사이에서는 블라디보스토크 여행이 큰 인기를 끌고 있다.
관광목적인 경우 180일 이내 무비자로 갈 수 있다.
여행지로서 유명해진 블라디보스토크이지만, 역사적으로는
발해의 유적이 있는 곳이고, 근대사의 장면에서는 독립운동의
근거지로 꼽히는 곳이기도 하다. 이곳의 대표적인 한인마을은
한인이 처음 이주하여 정착했던 개척리, 이후 개척리가
폐쇄되면서 이를 대체하기 위해 1911년에 건설된 신한촌을
꼽을 수 있다.

특히 신한촌이 세워진 1911년은 일제의 강제병합이 일어난
직후이기도 하여 신한촌으로 이주한 한인들이 이곳을
중심으로 독립운동을 벌였다. 신한촌은 연해주 독립운동의
총본산이 되었고, 현재는 이를 기리기 위해 독립운동 기념탑이

세워져 있다. 신한촌이 한인 정착촌이었던 만큼 의료기관도
위치했는데. 이곳에서 세브란스 출신의 의사가 활동한 기록이
남아있다. 세브란스연합의학교 1913년도 졸업생인 곽병규와
김인국이 그들이다. 그들은 신한촌에서 병원을 운영하며
신한촌의 한인들의 건강을 돌봤다. 곽병규의 경우에는
의업뿐만 아니라 러시아 지역의 청년들의 교육문제에도
관여했다.

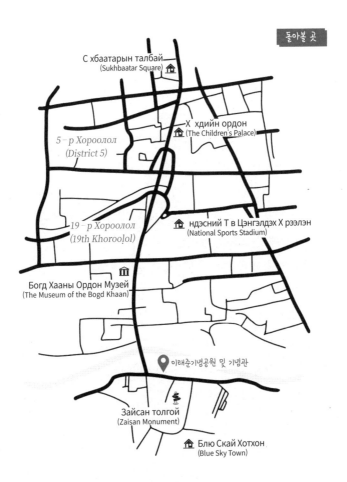

돌아볼 곳

Cхбаатарын талбай
(Sukhbaatar Square)

Xхдийн ордон
(The Children's Palace)

5 – р Хороолол
(District 5)

19 – р Хороолол
(19th Khoroolol)

ндэсний Tв Цэнгэлдэх Xрээлэн
(National Sports Stadium)

Богд Хааны Ордон Музей
(The Museum of the Bogd Khaan)

이태준기념공원 잋 기념관

Зайсан толгой
(Zaisan Monument)

Блю Скай Хотхон
(Blue Sky Town)

이태준기념공원 및 기념관

Burkhan Bagshiin Tsogtsolbor, Ulaanbaatar, Mongolia

이태준(1883-1921)은 몽골에서 활동한 세브란스 출신의
의사이자 독립운동가이다. 그는 몽골에서 '까우리(高麗)
의사'로 불리며 몽골 왕궁에까지 출입하면서 몽골 왕족들의
두터운 신임을 확보했다. 동의의국(同義醫局)을 개원하여
몽골사회에서 의술을 베풀면서 두터운 신뢰를 쌓았고, 이를
토대로 각지의 애국지사와 긴밀한 연락관계를 유지하면서
비밀 항일운동을 도왔다. 신한청년단 대표로 파리강화회의에
파견되는 김규식에게 운동자금을 지원하기도 했고,
소비에트정부로부터 확보한 코민테른 자금을 운송하는
역할을 담당하기도 했다. 그는 의열단에도 가담하여
활약했는데, 그 모습은 수년전 영화 '암살'의 모티브가 되기도
했다.

그는 의료환경이 열악했던 몽골에서 성병퇴치에 큰 기여를
했고, 몽골의 마지막 황제 복드한의 어의로 활동하면서 몽골

최고 훈장인 '에르데닌 오치르'를 받았다. 이러한 그의 업적을 기리고자 2000년 7월 7일 재몽골한인회와 연세의료원이 주축이 되어 이태준 기념공원을 건립했다. 공원은 울란바토르시 복드 칸(Bogd Khan)산 남쪽 기슭 자이승승전탑 아래에 위치하고 있다. 기념공원 내에는 이태준기념관이 조성되어 있다. 기념관에서는 그의 생애와 활동을 조명하고 있지만, 그의 생애와 활동에 관한 자료는 많이 남아있지 않다. 그가 운영했던 동의의국의 위치도 아직 정확히 알려진 바가 없다.

이태준기념공원 입구

이태준기념공원 내 이태준기념관 외부

근대의학과 의사 독립운동 탐방기

블라디보스토크에서는

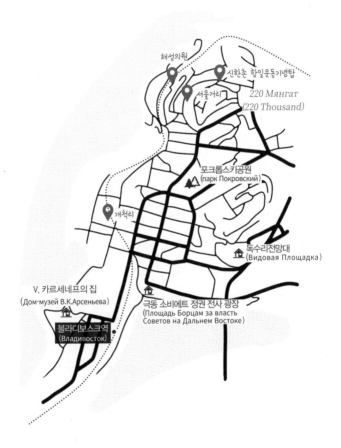

해성의원

신한촌 항일운동기념탑

서울거리

220 Мянгат
(220 Thousand)

포크롭스키공원
(парк Покровский)

개척리

독수리전망대
(Видовая Площадка)

V. 카르세네프의 집
(Дом-музей В.К.Арсеньева)

극동 소비에트 정권 전사 광장
(Площадь Борцам за власть
Советов на Дальнем Востоке)

블라디보스크역
(Владивосток)

개척리

Pogranichnaya Ulitsa, Vladivostok, Primorskiy kray, Russia

블라디보스토크에 한인들이 이주하여 살기 시작한 시기는
1870년대로 거슬러 올라간다. 뽀그라니치나야 거리에
한인들이 모여살기 시작하면서 러시아인들은 이 거리를 '한인
거리'라는 의미의 '카레이스카야'로 불렀고, 한인들은 이곳을
개척리라고 불렀다. 블라디보스토크의 또 하나의 한인 마을인
신한촌이 건설되기 직전까지 이곳은 한인의 중심지였다.
1905년 을사늑약 이후 수많은 애국지사들이 이곳에
집결하면서 해외 항일독립운동의 중추가 되었고, 1908년에는
한글신문인『해조신문』,『대동공보』의 사옥 등이 세워졌다.
여전히 20세기초반쯤에 지어진 것처럼 보이는 낮은 빌딩들이
거리를 따라 이어지고, 각 빌딩의 1층에는 음식점들이
들어서 있으나 활기를 띤 모습은 아니다. 뽀그라니치나야
거리를 따라 남쪽으로 걷다보면 1909년 세워진 베르살 호텔,
러청은행이 위치한 포시에트 거리와 만난다. 베르살 호텔은

블라디보스토크에서 가장 오래된 호텔로 알려진 곳이고, 러청은행은 고종황제가 러시아 망명을 위해 내탕금을 맡겨 놓았다고 알려진 호텔이다. 이 거리는 현재 블라디보스토크의 번화가로 맛집과 쇼핑지가 밀집한 지역이다.

개척리의 전경

국외 편

Khabarovskaya Ulitsa, 10, Vladivostok, Primorskiy kray, Russia

신한촌은 블라디보스토크의 한인마을의 명칭이다. 동시에
러시아 지역의 독립운동의 중심지이기도 하다. 이곳에는
러시아 한인의 동향과 독립운동을 주도하던 여러 기관 및
단체가 자리잡고 있었다. 대표적으로 1911년에 만들어진
권업회, 그리고 여기서 발행한『권업신문』이 있다. 또한
교육기관으로는 한민학교가 자리잡고 있었고, 의료기관으로
한인이 운영하는 병원과 약국이 자리하고 있었다.
해성의원(海星醫院)은 1918년에 개원한 병원으로, 신한촌의
중심지인 하바롭스카야 거리의 10번지에 위치했다. 당시
블라디보스토크에서 발행된『청구신보』에 해성의원의
개업광고가 실려 있다. 이 병원을 운영한 인물은
세브란스연합의학교 1913년도 졸업생인 김인국(金仁國)으로,
해성의원을 운영하기 전까지 블라디보스토크 공립병원의
공의로 활약했다. 이 시기 세브란스연합의학교 동기인

곽병규(郭柄奎: 1893-1965)도 러시아에 거주한 것으로
확인되는데, 동기 김인국이 해성의원을 개원하자 이곳에서
의업에 종사하며 한인의 건강을 담당했던 것으로 보인다.
곽병규는 의사로서 뿐만 아니라 러시아 지역 한인
청년의 교육을 위해서도 힘썼던 인물로, 1922년에는
시베리아조선인교육회의 부회장을 맡은 인물이다.
해성의원이 위치했던 하바롭스카야 10번지 건물에는
해성의원뿐만 아니라 1912년 블라디보스토크에서 창간된
권업신문사도 위치했다. 권업신문은 블라디보스토크에서
설립된 대한민국 항일독립운동단체의 기관지였다.
해성의원이 자리잡고 있던 하바롭스카야 10번지를 중심으로
근처에 위치한 하바롭스카야 거리 5, 7, 11번지에는 한인이
운영하는 약국이 위치하고 있었다.
각 번지는 집합주택을 지칭하는 것이므로 하바롭스카야
10번지 내의 여러 가구 중에 어느 곳이 해성의원으로
운영되었는지는 알 수 없다. 그러나 현재도 하바롭스카야
10번지 건물의 한 켠에는 병원이 자리하고 있다. 해성의원은
자취를 감췄지만, 여전히 이 건물은 이 지역의 의료
중심으로서의 역할을 담당하고 있음을 확인할 수 있다.

해성의원이 있었던 신한촌 하바롭스카야 10번지

신한촌 항일운동기념탑

Khabarovskaya Ulitsa, 266, Vladivostok, Primorskiy kray, Russia

신한촌의 입구에서 하바롭스카야 거리를 따라 안쪽으로
들어가면 아파트 건물들 뒤쪽으로 기념비가 보인다.
하바롭스카야 26A번지에 위치한 신한촌 항일운동 기념탑은
러시아 연해주 독립운동의 총본산인 신한촌의 역사적 의의를
기리기 위해 세운 탑이다. 사단법인 해외한민족연구소에서
1999년 8월 15일에 세운 것이다.
기념탑은 신한촌 입구에서 꽤 안쪽으로 들어간 곳에 위치해
있다. 옛 신한촌 지역은 블라디보스토크의 중심지에서 떨어져
있다 보니 꽤 한적한 동네라는 인상이 강했다. 기념탑은
지도를 보면서 하바롭스카야 거리의 아파트들 사이로 나
있는 흙길을 따라 약 10분 정도를 걸어 들어가야 하는 곳에
위치해있어서 그런지 찾아가는 길 내내 인적이 드물었지만,
도착해보니 한 무리의 한국인 단체 관광객이 구경을 하고
있었다.

국외 편

기념탑은 3개의 돌기둥의 조형물로 구성되어 있고, 그 옆에는 연해주신한촌기념탑문이 적혀 있다. 이 비문은 자주와 독립이라는 민족의 최고 가치에 대한 이야기로 시작하여 1919년 블라디보스토크에서 설립된 첫 임시정부인 대한국민의회, 그리고 1937년 신한촌이 폐허가 되고 중앙아시아로 흩어진 사실 등을 담고 있다. 연해주에 거주했던 한민족의 독립을 향한 열정과 아픈 역사를 이 조형물이 담아내고 있는 듯했다. 기념탑 주위에는 철책이 놓여져 있고, 그곳에는 태극기가 걸려 있다. 또한 이곳을 다녀간 많은 한국인들이 철책에 메시지를 남겨 놓은 것이 인상 깊다.

신한촌 항일운동기념탑

신한촌 항일운동기념탑 철책에 묶여 있는 메시지

국외 편

서울거리

Seul'skaya Ulitsa, Vladivostok, Primorskiy kray, Russia

신한촌의 중심부에서 아무르강쪽으로 '서울거리'라는 의미의
'서울스카야'라는 지명이 있다. 신한촌이 건설되고 한인들의
거주지가 늘어나면서 언덕위의 신한촌에서 아무르강변
쪽까지 한인들의 거주지가 확장되었음을 보여준다.
이곳에는 서울스카야 2A번지라는 명패가 붙어 있는 집이
현재까지 남아있다. 이곳을 찾아가는 과정은 그리 쉽지 않다.
신한촌 입구에서 지도에 의지하여 따라가다 보면 포장되지
않은 도로가 나온다. 이 도로는 지도에 표시된 것과는 달리
중간에 길이 끊기기도 하고, 우회도로가 있기도 하다. 묵묵히
아무르강변을 따라가다 보면 서울스카야 2A에 다다른다.
주소가 써 있는 명패의 디자인은 한옥을 연상시키는
집모양이다. 신한촌은 더 이상 한인 마을이 아니지만, 이
명패를 보니 여전히 이곳에는 한국의 전통이 살아 숨 쉬고
있는 것 같았다. 거주자는 누구인지 알 수 없으나, 최근에

재정비를 한 것 같다. 블라디보스토크 안내서를 찾아보니
수년전에는 관리를 하지 않은 것 같은, 색 바랜 흰색 담벽의
집으로 묘사되었기 때문이다.

서울거리 가는 길
해안가를 따라 오래된 집들과 흙길이 이어진다.

서울거리 2A

이 주소지의 집은 최근에 새로 정비를 한 것 같다

강릉
원주
춘천

화성
수원
고양

서울

공주
천안

익산, 전주, 정읍,
김제, 군산

함안
김해
진주

부산
거제

독립을 선언하고 지휘한 수도
서울

북촌 · 종로

중앙고등보통학교 숙직실
보성사
독립선언서 배부 기념비
재동 제중원
태화관
탑골공원
종로 YMCA
보신각

정동 · 남대문

구리개 제중원
덕수궁 대한문
선은전 광장
시위병영
도동 세브란스병원
남대문교회

서대문 · 마포

서대문독립공원
딜쿠샤(앨버트 테일러 가옥)
연세 역사의 뜰
알렌기념관
동은의학박물관
마포 전차 종점

조선이 개국한 이래로, 서울은 한 번도 수도의 지위를 놓지 않았다. 서울은 그야말로 정치와 경제의 중심지였다. 말은 제주도로, 사람은 서울로 보내라는 말은 이와 같은 서울의 위치를 압축적으로 드러내는 말이었다. 그러나 이것이 마냥 좋은 것만은 아니었다. 중심지로서의 확고한 위상은 곧 일제의 정치적 공세가 집중될 것을 의미하는 탓이었다. 조선의 주권이 넘어간 을사조약(乙巳條約)이 이루어진 곳도, 총독부가 설치된 곳도, 그리하여 조선인을 향한 식민 지배를 계획하고 총괄하는 곳도 모두 서울이었다.

식민 지배의 본거지가 된 서울은 한편 독립운동의 구심점이기도 했다. 독립운동은 서울뿐만 아니라 전국적인 일이었지만, 그럼에도 독립선언서의 작성과 낭독은 물론이거니와, 독립운동 전반의 계획이 서울을 중심으로 진행되었음은 분명한 사실이었다. 이러한 덕분에 서울에는 만세 운동을 계획하던 중앙고등보통학교 숙직실이나 종로 YMCA, 독립선언서가 인쇄되고 배부된 보성사 터와 천도교 중앙대교당, 민족대표의 독립 선언이 이루어진 태화관 터와 민중의 함성이 터져나온 탑골공원 등의 장소가 군데군데 포진되어 있다.

세브란스 역시 독립운동에서 크고 작은 역할을 담당하였다. 세브란스연합의학교에서 약학을 전공하고 약제실의

제약주임으로 있던 이갑성(李甲成, 1889~1981)은 민족대표
33인의 1인으로서 독립을 선언하였고, 세브란스의학전문학교에
재학 중이던 이용설(李容卨, 1895~1993, 1919 졸업)은 마찬가지로
9인의 학생 대표단에 포함되어 독립운동을 주도하였다.
그 외에도 수많은 학생들이 독립운동에 투신하였고, 이
가운데에는 옥살이를 한 이들도 적지 않았다. 한편 당시 도동에
있던 세브란스병원은 일제와 치열한 전투를 벌인 대한제국의
군인을 치료하였고, 3·1운동을 비롯한 수많은 시위에서
부상당한 이들을 도맡아 보살폈다.

서울의 경우에는 답사 경로를 자유로이 계획할 수 있다. 답사지
간 거리가 그리 멀지 않으므로, 대개 도보나 대중교통으로
이동을 해결할 수 있기 때문이다. 1919년 3월 1일에 시위대가
걸었던 길을 그대로 따라가 보는 것도 하나의 방법이다.
3·1운동이 논의되었던 중앙고보 숙직실 터에서 시작하여,
독립선언서를 인쇄했던 보성사 터와 하나 된 마음으로
대한의 독립을 선언한 탑골 공원을 거쳐, 정동 일대를 향하는
경로이다. 마침 경로를 따라 재동 제중원 터와 구리개 제중원
터, 복사골 세브란스 병원 터가 있으니, 이들을 묶어 함께
둘러볼 수 있다. 여기에 서대문형무소와 독립문, 그리고 3월
1일 저녁 마지막으로 한데 모여 만세를 외쳤던 마포 전차
종점까지 돌아본다면 더할 나위 없겠다.

국내 편

북촌·종로에서는

돌아볼 곳

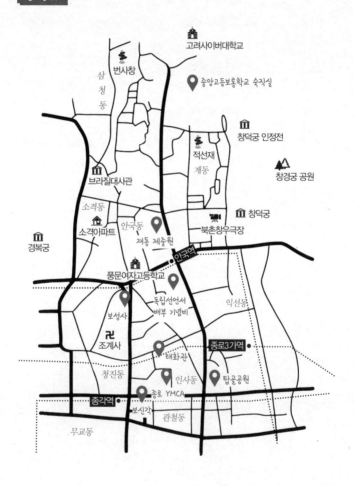

고려사이버대학교

번사창

중앙고등보통학교 숙직실

삼
청
동

창덕궁 인정전

적선재

제동

창경궁 공원

브라질대사관

소격동

창덕궁

소격아파트

안국동

북촌창우극장

경복궁

재동 제중원

안국역

풍문여자고등학교

독립선언서
배부 기념비

익선동

보성사

조계사

종로3가역

태화관

청진동

인사동

탑골공원

종로 YMCA

종각역

보신각

무교동

관철동

중앙고등보통학교 숙직실

서울특별시 종로구 창덕궁길 164

시작은 중앙고등보통학교 숙직실 터이다. 안국역 3번
출구에서 나와 첫 번째 귀퉁이에서 왼쪽으로 들어가면
고즈넉한 계동길이 펼쳐진다. 15분 가량을 걸어올라가면
어느덧 오늘날의 중앙고등학교에 도착하게 된다.

이곳은 1919년 1월 도쿄에서 유학하던 송계백(宋繼白, 1896 –
1920)이 중앙고등보통학교 교장 송진우(宋鎭禹, 1887 – 1945)와
교사 현상윤(玄相允, 1893 – ?)을 방문하여 유학생들의 거사
계획을 전달한 곳이며, 같은 해 2월 여럿이 모여 독립운동을
논의했던 곳이기도 하다.

숙직실은 현재 소실되어 전해지지 않지만, 그 자리에 놓인
3·1운동 책원비가 역사를 전하고 있다. 그러나 교정 한
편에 숙직실이 원형 그대로 복원되어 있으니, 너무 아쉬워할
필요는 없다. 시인 이상화(李相和, 1901 – 1943)의 '빼앗긴 들에도
봄은 오는가'를 새긴 시비도 빼놓지 말고 감상하자.

중앙고등보통학교
독립운동이 논의되었던 숙직실의 모습을 그대로 복원하였다. 오늘날에는 3·1기념관으로 사용된다.
원래의 건물은 소실되어 전해지지 않는다.

중앙고등보통학교 숙직실 터
숙직실의 위치를 기념하는
표석이다.

이상화 '빼앗긴 들에도 봄은 오는가' 시비

근대의학과 의사 독립운동 탐방기

6·10만세운동 기념비

1926년 4월 26일 대한제국 마지막 황제 융희 황제가 붕어하자, 같은 해 6월 10일 중앙고등보통학교 학생을 중심으로 만세 시위가 일어났다. 이 일로 100여 명이 부상하였고, 200여 명의 학생과 시민이 체포되었다.

3·1 운동 책원비

1919년 중앙고등보통학교 교장 송진우와 김성수, 현상윤 등이 모여 3·1운동의 계획을 세우던 곳이다.

보성사, 독립선언서 배부 기념비

[보성사] 서울특별시 종로구 우정국로 55 조계사

[독립선언서 배부 터] 서울시 종로구 삼일대로 457(천도교 중앙대교당 앞)

그 다음은 보성사(普成社) 터이다. 1919년 2월 27일,
독립선언서 2만 1,000매 가량이 인쇄된 곳이다.
원래 이용익(李容翊, 1854-1907)이 1906년에 설립한
보성중학교의 인쇄소였으나, 이후 1910년에 천도교로
운영권이 이전되었다. 3월 1일 당일에는 윤익선과 이종린,
이종일, 김홍규 등이 조선독립신문 1만 부를 발행하였으며,
일제 경찰에 의해 폐쇄되어 6월 28일 전소되었다.
인쇄된 독립선언서는 보성사 사장 이종일(李鍾一, 1858-1925)의
집에 임시로 보관되었다가, 다음 날 전국 각지로 전달되었다.
천도교 중앙대교당 앞에 독립선언서 배부를 기념하는 비석이
설치되어 있으며, 조계사 극락전 앞마당에 보성사 터를
알리는 세움말이 놓여 있다. 조계사 바로 옆의 수송공원에도
이종일 동상과 보성사 터를 알리는 기념 조형물이 있다.

독립선언서 배부 기념 표석
현재 천도교 중앙대교당 앞에 놓여 있다.

재동 제중원

서울특별시 종로구 북촌로 15 헌법재판소

중앙고등보통학교 숙직실 터와 보성사 터 사이를 걷다보면
헌법재판소가 나온다. 연세의료원의 시초가 되는 재동 제중원
터가 있는 곳이다. 헌법재판소 경내에 들어가려면 방문자증을
받아야 하니, 신분증을 반드시 챙겨야 한다.

1885년 1월 22일, 미국의 선교의사 알렌(H. N. Allen,
1858 - 1932)는 조선 정부에 서양식 병원의 설립을 건의하는
'조선정부경중건설병원절론(朝鮮政府京中建設病院節論)'을 올렸다.
현재 조선에는 많은 사람들이 "삼가 몸을 살필 수 있"는
병원의 건설이 긴요하다는 진단이었다. 여기에서 알렌은
"조선 정부가 병원을 건설한다면 최고책임자의 역할을 다할
것이며, 이미 미국의 자선 조직인 '병원사(病院社, benevolent
society)'로부터 지원을 받고 있기에 정부가 제공하는 급여는 한
푼도 받지 않"을 것임을 약속했다.

병원의 설립은 빠르게 진행되었다. 같은 해

2월 18일에는 갑신정변으로 역적이 된 홍영식(洪英植)의
집이 병원으로 선정되었음이 공표되었고,
4월 3일에는 오늘날의 외교통상부에 해당하는
통리교섭통상사무아문(統理交涉通商事務衙門)의 포고로
새로운 병원의 개원이 공표되었다. 재동에 미국인 의사가
진료하는 무료 병원이 만들어졌으니, 누구나 와서 진료를
받으라는 내용이었다. 4월 10일의 개원 이후, 고종으로부터
'은혜를 베푸는 집'이라는 뜻의 광혜원(廣惠院)이라는 이름을
받았으나, 이후 4월 26일 '사람을 구하는 집'을 의미하는
제중원(濟衆院)으로 소급 개칭되었다.
제중원의 개원은 서양의학의 본격적인 도입을 알리는 사건인
동시에, '하나님의 사랑으로 인류를 질병으로부터 자유롭게
한다'는 연세의료원의 이념이 이 땅에 처음으로 뿌리내린
계기라 할 수 있다.
현재 헌법재판소 경내에서는 제중원의 흔적을 찾을 수
없다. 한국전쟁이 가져온 또 다른 비극이다. 오직 제중원
부인병동의 서남쪽에 있던 백송(白松)만이 남아 과거를 증언할
뿐이다. 헌법재판소 입구에서 오른쪽으로 돌아가면, 양갈래로
뻗은 하얀 소나무가 우뚝 서 있고, 근처에 제중원 터를 알리는
표석이 놓여 있다.

재동 제중원 기념 표석

홍영식의 집에 설립된 제중 원의 위치를 알린다. 이후 제중원은
구리개와 도동으로 이전하게 된다.

재동 제중원 터 백송

재동 제중원 부인병동 서남쪽에 있던 백송이다. 헌법재판소의 입구를 지나 오른편으로 돌아가면
정면에 보인다.

근대의학과 의사 독립운동 탐방기

태화관

서울특별시 종로구 인사동5길 29

3·1운동이 계획된 중앙고등보통학교와 독립선언서가 인쇄된
보성사를 살폈으니, 이제 대한의 독립이 선언된 곳으로 갈
차례다.

먼저 오늘날의 태화빌딩과 부설 주차장, 종로구 공영주차장에
해당하는 태화관(泰和館) 터이다. 1919년 3월 1일 오후 2시,
독립선언서에 서명한 민족대표 33인 가운데 29인이 모여
독립을 선언하고, 한용운(韓龍雲, 1879 - 1944)의 선창으로 만세를
외쳤던 곳이다. 을사늑약(乙巳勒約)과 경술국치(庚戌國恥) 당시
여러 대신이 매국을 모의하던 곳이기에, 이곳에서 다시
독립을 선언함으로써 국권의 침탈을 무효로 돌리겠다는
뜻이었다.

현재에는 표석만이 남아있지만, 2019년 3·1독립선언광장이
조성될 예정이다. 광장 조성을 기념하여 2019년 3월 1일에
기념행사가 있을 예정이니, 미리 확인해두자.

태화관 터에 설치된 삼일독립선언 유적지 기념비
오늘날의 태화빌딩 앞에 서 있다.

근대의학과 의사 독립운동 탐방기

탑골공원

서울특별시 종로구 종로 99

근처에는 탑골공원 혹은 파고다공원이 있다. 다른 공원과
달리 담벽으로 둘러싸여 있어, 입구를 찾지 못하고 헤맬 수
있다. 지도로 입구를 알아두어야 한다.
태화관이 민족대표의 회합 장소였다면, 탑골공원은
학생대표를 비롯한 여러 보통 사람들의 장소였다.
학생대표들은 민족대표들이 일방적으로 선언 장소를
태화관으로 변경한 것에 항의한 뒤, 오후 2시 30분에
원안대로의 독립선언식을 거행하였다. 공원에서 시작된
가두행진에 수많은 군중들은 합류로 화답하였고,
이렇게 3·1운동은 온 나라의 일이 되었다. 공원 내에
3·1운동기념탑을 비롯하여, 손병희 동상 등이 놓여 있으니,
하나씩 살펴보자. 태화관에서 탑골공원으로 가는 길에는
태극기를 그려놓은 귀여운 벽화가 있어, 답사에 소소한
재미를 더한다.

탑골공원

서울에서의 만세 시위가 시작된
곳이다. 공원 구석구석에 3·1운동을
기념하는 다양한 조형물이 설치되어
있다.

근대의학과 의사 독립운동 탐방기

태화관에서 탑골공원으로 향하는 담벼락에 그려진 태극기

국내 편

종로 YMCA

서울특별시 종로구 종로 69

오늘날 서울 YMCA, 서울기독교청년회관에 해당하는 종로 YMCA는 학생대표들이 독립운동을 숙의한 곳이다. 3·1운동 기념 표석은 같은 건물에 입주한 우리은행 종로 YMCA 지점 앞에 있다.

1919년 1월 26일, 연희전문학교의 김원벽(金元璧)을 필두로 세브란스 의학전문학교의 이용설(李容髙, 1895 – 1993), 연희전문학교의 윤화정(尹和鼎), 보성전문학교의 주익(朱翼), 강기덕(康基德, 1866 – ?), 경성전수학교의 윤자영(尹滋瑛), 이공후(李公厚), 경성공업전문학교의 주종의(朱鍾宜), 경성의학전문학교의 김형기(金炯機) 등 9인이 비밀리에 모임을 가졌다. 독립운동을 도모하기 위함이었다. 처음에는 합의를 이루지 못하였으나, 이후 일본 유학생의 독립 선언 준비 소식 등으로 논의가 급진전되어 학생을 주축으로 한 독립선언이 계획될 수 있었다.

근대의학과 의사 독립운동 탐방기

오늘날의 서울 YMCA 건물
표석은 건물 안에 입주한 우리은행 지점 앞에 설치되어 있다.

종로 YMCA 3·1독립운동 기념 표석
학생대표가 모여 독립운동을 논의하던 종로 YMCA의 위치를 기념한
표석이다.

보신각

서울특별시 종로구 종로 54

종로 일대에서 마지막으로 살펴볼 곳은 보신각 터이다. 도로 확장 등의 이유로 원래의 위치에서 40m 정도 달라졌지만, 그 모습만큼은 원형 그대로이다. 본디 종을 걸어 도성 안팎에 시간을 알리던 곳이었고, 오늘날에도 가는 해를 보내고 새해를 맞이하는 제야의 종 행사로 유명한 곳이다.

그러나 일제강점기에 이곳은 독립운동의 상징이자 구심점과도 같았다. 3월 1일의 만세운동 이후에도 사람들은 수시로 보신각에 모여 독립을 외쳤다. 3월 12일에는 같은 곳에서 제2의 독립선언서인 '애원서'가 낭독되었고, 4월 23일에는 '한성정부'의 수립을 선포하는 국민대회가 열렸다. '13도 대표' 25명의 명의로 배포된 이 문건은 이후 대한민국임시정부의 법통을 주장하는 근거가 되기도 했다.

오늘날의 보신각

독립운동의 상징이자 구심점이었던 곳으로, 현재는 원래 있었던 곳보다 조금 떨어진 곳에 옮겨져 있다. 하지만 모습만큼은 원형 그대로이다.

정동·남대문에서는

돌아볼 곳

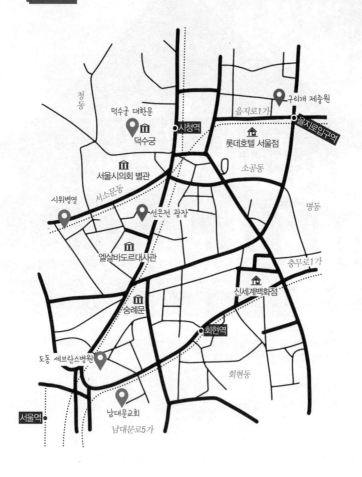

정동

덕수궁 대한문

구리개 제중원

을지로1가

시청역

을지로입구역

롯데호텔 서울점

덕수궁

서울시의회 별관

소공동

시위병영

서소문동

명동

선은전 광장

엘살바도르대사관

충무로1가

신세계백화점

숭례문

회현역

도동 세브란스병원

회현동

서울역

남대문교회

남대문로5가

구리개 제중원

서울특별시 중구 을지로 35 (을지로 KEB하나은행 본점)

종로 일대에서 정동 일대로 넘어가는 길에는 구리개 제중원
터가 있다. 재동에 세워진 제중원에 많은 사람이 몰려들어
장소가 협소해지자, 자리를 이전하여 새로 개원한 곳이다.
구리개로 이전한 이유는 명확하지 않지만, 조선의 대민
구료기관인 혜민서가 있던 곳이었음을 고려한다면 대강의
이유를 짐작할 수 있다.

당시 이곳은 의원과 약방이 즐비하던 거리이기도 했다.
4,000평 이상으로 넓어진 부지 덕분에 여러 진료 공간이
세분화되어 보다 효율적인 진료가 가능했다. 병원
내부에는 작은 교회가 있었으며, 안창호가 여기에서
결혼식을 올리기도 했다. 제중원을 운영하던 선교의사와
독립운동가의 관계를 엿볼 수 있는 부분이다. 하지만
재동 제중원과 마찬가지로 구리개 제중원 역시 흔적 하나
남아있지 않다. 하나 남은 비석조차도 KEB하나은행 본점 앞
정원이 새로 단장하면서 사라지고 말았다.

구리개 제중원 터

오늘날의 KEB하나은행 본점 앞 정원에 제중원 터를 알리는 비석이 있었으나, 지금은 철거되었다.

근대의학과 의사 독립운동 탐방기

덕수궁 대한문, 선은전 광장

[덕수궁 대한문] 서울특별시 중구 세종대로 99
[선은전 광장] 서울특별시 중구 세종대로 67(한국은행 화폐박물관 우측)

그 다음은 덕수궁 대한문과 선은전 광장이다. 탑골공원에서
독립을 선언한 시위대 일부는 덕수궁 대한문을 향했다.
1919년 1월 21일 세상을 떠난 고종 황제의 빈전이 마련된
곳이었다. 고종 황제의 죽음은 일제를 향한 사람들의
적대감을 증폭시키는 하나의 계기였다. 일각에서는 일제가
고종을 암살했다는 소문이 돌았고, 이것이 3·1운동에 미친
영향 또한 적지 않았다. 고종 황제의 빈전 앞에서 만세를 외친
사람들은 소공로를 거쳐 남산의 조선총독부를 향했다. 선은전
광장에 이르자 인파는 어느덧 3,000여 명이 되었고, 일제는
보병 3개 중대와 기병 1개 소대를 급파해 시위대를 막아섰다.
인파의 해산은 대치가 벌어진 한참 후의 일이었다. 한국은행
화폐박물관 오른편의 비석을 보며, 당시의 치열했던 순간을
상상해보자.

국내 편

덕수궁 대한문
3·1운동 당시 고종 황제의 빈전이 마련되어 있던 곳이다.

근대의학과 의사 독립운동 탐방기

시위병영

서울특별시 중구 서소문로 100(중앙일보 구관 도로변)

선은전 광장에서 다시 발을 돌리면 시위병영 터가 나온다.
3·1운동과 직접적인 연관은 없지만, 일제에 의한 주권의 강제
침탈을 상징하는 곳이다.

이곳은 본디 조선 후기 임금의 호위를 위하여 창설된 시위대
보병 제1연대 제1대대가 주둔하던 곳이다. 그러나 일본의
강제로 1905년 4월 인력을 감축당한 뒤, 1907년 8월 강제로
해산되었다. 당시 제1연대 제1대대장 박승환(朴昇煥, 1869 -
1907)이 자결하였고, 이를 계기로 구식총으로 무장한 시위대
700여 명과 기관총으로 무장한 일본군 2개 대대의 전투가
벌어졌다. 두 시간의 전투가 지난 뒤 살아남은 일부는 몸을
피해 서울을 벗어났으며, 지방의 의병 조직에 합류하였다.
당시 부상을 입은 이들은 바로 근처의 도동 세브란스병원으로
이송되어 치료받았다.

시위병영 터

강제 해산된 대한제국의 시위대 보병 제1연대 제1대대는 이곳에서
일본군과 전투를 벌였다. 여기에서 부상한 군인은 도동 세브란스병원으로
후송되어 치료받았다.

근대의학과 의사 독립운동 탐방기

도동 세브란스병원, 남대문교회

[도동 세브란스병원] 서울특별시 중구 남대문로5가 84-11 (세브란스빌딩)
[남대문교회] 서울특별시 중구 퇴계로 6

발을 옮겨 서울역으로 향하면, 도동 세브란스병원 터와
남대문교회가 등장한다. 도동 세브란스병원은 재동 제중원과
구리개 제중원을 잇는 세 번째 병원이다. 구리개 제중원은
알렌에 이어 병원의 운영을 맡은 헤론이 세상을 떠나며
위기를 맞았다. 새로 온 빈튼은 조선 정부와 대립했고, 빈튼의
후임으로 에비슨이 부임했을 때에는 병원으로서의 기능은
거의 중지된 상태였다. 1894년 9월 에비슨은 조선 정부와의
합의를 통해 제중원의 운영권을 온전히 이관받았고, 1900년
만국선교대회에서 만난 세브란스에게 후원을 약속받았다.
이렇게 1904년 완전한 서양식 병원인 세브란스병원이
개원하였다. 이와 더불어 구리개 제중원 내의 작은 교회도
옮기게 되어, 오늘날 남대문교회의 전신이 되는 남문밖교회
또는 남대문밖교회가 세브란스병원 경내에 있었다.

도동 세브란스병원의 모습

오늘날의 세브란스 빌딩
도동 세브란스병원이 있던 곳에 건립되었다.

남대문교회
구리개 제중원 내의 작은 교회에서 시작하여, 오늘날의 남대문교회로 성장하였다.

서대문·마포에서는

돌아볼 곳

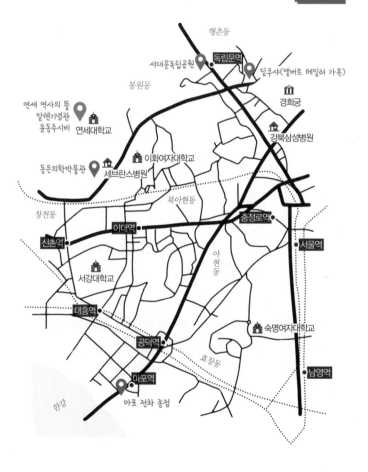

행촌동

서대문독립공원 · 독립문역
딜쿠샤(앨버트 헤일러 가옥)

봉원동

경희궁

연세 역사의 뜰
알렌기념관
윤동주시비 · 연세대학교
강북삼성병원

이화여자대학교

동은의학박물관 · 세브란스병원

창천동
북아현동
종정로역

신촌역 · 이대역 · 서울역

서강대학교
아현동

대흥역

숙명여자대학교

공덕역
효창동
남영역

마포역

한강
마포 전차 종점

서대문독립공원

서울특별시 서대문구 천연동 통일로 251

독립문역을 내리면 독립문에서 시작해 서재필 동상,
3·1운동기념탑, 서대문형무소역사관, 순국선열추모비
등이 가득한 서대문독립공원이 펼쳐진다. 서대문형무소는
1908년에 세워진 경성감옥에서 비롯했으며, 이후
1912년 서대문감옥으로 명칭이 바뀌었다가, 1923년 다시
서대문형무소로 개칭하였다. 수많은 독립투사가 옥고와
처형을 당한 수난의 상징과도 같은 곳이다. 해방 이후
서울형무소와 서울교도소, 서울구치소 등으로 사용되다가,
1988년부터 공원조성공사를 시작하여 1992년부터는
독립투사의 얼을 기리는 서대문독립공원으로 전환되어
운영되었다. 오늘날 볼 수 있는 서대문형무소 역사관은
1998년 11월에 개관하였다.

서대문형무소역사관

1998년 11월에 개관하였다. 민족의 수난을 기억하기 위하여, 서대문형무소 건물을 그대로
활용하였다. 옥사 7개동과 보안과 청사의 원형이 보존되어 있으며, 이 가운데 10, 11, 12옥사와
사형장은 사적 제324호로 지정되었다.

**서대문형무소의 옥사
내부**
당시의 모습을 그대로
보존하고 있다

딜쿠샤(앨버트 테일러 가옥)

서울특별시 종로구 사직로2길 17

서대문 독립공원에서 발을 옮겨 대신고등학교를 지나면,
앨버트 테일러(Albert Taylor, 1875 - 1948)가 손수 지어 거주하던
양식 저택 '딜쿠샤(Dil kusha)'가 나온다. 딜쿠샤는 힌두어로
'희망의 궁전', '이상향', '행복한 마음'이라는 뜻으로 인도
북부에 위치한 딜쿠샤 궁전에서 따온 이름이다.

5·18민주화운동 때 위르겐 힌츠페터가 있었다면, 3·1운동
때 앨버트 테일러가 있었다. 앨버트 테일러는 금광 사업과
무역을 위해 한국에 입국하였고, UPI통신사의 서울특파원을
겸임하고 있었다. 1919년 2월 28일, 그의 아내 메리 테일러가
출산을 위해 세브란스병원에 입원해 있었다. 아내의 출산을
지켜본 앨버트 테일러는 갓 태어난 아이를 들어 올렸다.
그 순간 침대보 밑에서 종이 한 장이 발견되었다. 바로
독립선언문이었다. 일경이 독립선언문을 찾기 위해 병원을
수색하자, 외국인 병실은 안전할 거라 생각한 간호사가

기지를 발휘해 산모의 침대 밑에 숨겨둔 것이었다.

독립선언문을 입수한 앨버트 테일러는 AP통신 도쿄 지국을 통해 한국인의 독립의지를 전 세계로 타전하였다. 그는 그 이후에도 제암리 학살사건에 대한 기사를 쓰고, 조선총독부를 항의 방문하는 등의 활동을 하였다. 그런 탓에 앨버트 테일러는 1942년 5월 미국으로 추방되었다가 1948년 심장마비로 사망하였고, 유언에 따라 서울외국인묘지공원에 안장되었다.

이러한 공로에도 불구하고, 딜쿠샤의 정체는 오래도록 모호한 상태에 있었다. 한때는 『대한매일신보』의 사옥이라 추정되어 언론박물관으로의 전환이 추진되었으나, 2006년 앨버트 테일러의 아들 브루스 테일러(Bruce Taylor, 1919 – 2015)가 방문하면서 비로소 사실이 알려지게 되었다. 현재는 3·1운동 100주년을 맞아 복원 사업이 진행 중이며, 2019년에 3·1운동 100주년을 맞아 시민에게 전면 개방될 예정이다.

딜쿠샤(앨버트 테일러 가옥)

근대의학과 의사 독립운동 탐방기

연세 역사의 뜰, 알렌기념관, 동은의학박물관

서울특별시 서대문구 연세로 50 (연세대학교)
서울특별시 서대문구 연세로 50-1 (연세대학교 의과대학)

제중원의 옛날 모습이 궁금하다면 잠시 발길을 돌려
연세대학교와 세브란스병원 사이에 위치한 '연세 역사의
뜰'을 방문해보자. 제중원의 원형이 일부 복원되어
제중원에서 연세의료원에 이르는 지난날의 역사를 전시하는
연세 사료관으로 운영되고 있다. 연세대학교 의과대학 종합관
3층에 위치한 알렌기념관 역시 함께 방문할 만하다. 제중원의
초대 원장인 알렌의 여러 유품은 물론이거니와, 제중원에서
작성된 의료 보고서 등이 전시되어 있다. 알렌기념관
앞으로는 연세의료원의 중요한 순간을 기록한 역사화가
간명한 설명과 함께 놓여 있다.
의학도서관 건물 4층의 동은의학박물관 역시 빼놓을 수
없다. 1947년 김충식(金忠植)은 세브란스의과대학에 거액의
장학 기금을 기증하였는데, 동은의학박물관 역시 이 기금의
일부를 활용하여 조성되었다. 이를 기념하기 위해 그의

아호인 '동은(東隱)'을 박물관의 이름에 붙였고, 1975년부터
연세대학교의 의료 선교는 물론이거니와 한국의 서양의학
수용, 근현대 한국 의학의 흐름 등을 폭넓게 전시하고
있다. 돌아본 김에 연세대학교 박물관과 언더우드 목사의
아들이자 연희전문학교의 제3대 교장 원한경 박사의 사택인
언더우드가 기념관, 핀슨 홀에 설치된 윤동주기념관과 그
앞의 윤동주 시비를 둘러보는 것도 좋겠다.

연세 역사의 뜰
제중원의 모습이 일부 복원되어 연세사료관으로 운영되고 있다.

근대의학과 의사 독립운동 탐방기

동은의학박물관
연세의료원과 한국 의료의 지난날이 알차게 전시되어 있다.

윤동주 시비
모두에게 사랑받는 민족시인 윤동주를
기리는 시비이다. 작고 후 발표된 〈하늘과
바람과 별과 시〉가 새겨져 있다.

마포 전차 종점

서울특별시 마포구 마포대로 20 (불교방송 앞)

서울 답사의 마지막은 마포 전차 종점이다. 마포는 종로에서
출발한 전차가 서대문을 거쳐 도착하는 마지막 종점이었다.
3·1운동의 함성은 해질 무렵부터 교외를 향하였다. 서울
이곳저곳에서 만세를 부르던 군중은 저녁 8시를 즈음하여
어느덧 마포 종점에 집결하였고, 여기에서 다시 한 번 조선의
독립을 소리 높여 외쳤다. 전차길이 없어져 예전의 모습은
찾아보기 힘들지만, 불교방송 앞에 놓인 기념비가 과거를
증언한다.

일제강점기 당시 전차
보신각 앞을 지나는 모습이다.

마포 전차 종점을 알리는 표석
1919년 3월 1일 저녁 8시, 사람들은 이곳에 모여
다시 한 번 조선의 독립을 소리 높여 외쳤다.

독립운동의 진원지
화성·수원, 고양

화성·수원

수촌리 3·1독립운동기념비
수촌교회
제암리 3·1운동순국기념관
수원자혜병원 3·1운동 만세시위지

고양

행주양수장 1호 용소간선수로
이가순·이원재 부자 숭덕비

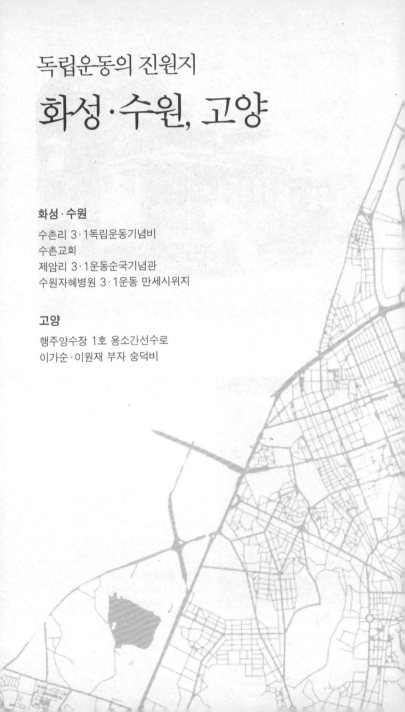

일제의 무단 침탈에 항거하는 독립운동이 시작되면서,
경기도는 조선총독부의 집중적인 감시 대상이 되었다.
경기도는 그 자체로 독립운동의 진원지였으며, 또한 수도
서울을 둘러싸고 있기에 서울의 움직임을 서울 바깥으로
또 서울 바깥의 움직임을 서울로 전하는 역할을 수행했기
때문이다.
실제로 경기도에서는 크고 작은 독립운동이 끊이지 않았고,
이는 서울에 직접적인 영향을 미치곤 했다. 1907년에 일어난
정미의병(丁未義兵)은 수도의 수복을 목적으로 삼았던 것도
경기도의 주요 지역에 많은 수의 의병 부대가 포진하고
있었기에 가능한 일이었다. 그러한 탓에 경기도 지역에서
움직임이 발견될 때마다 일제는 독립운동의 전국적 확산을
우려하여 강압적이고 잔혹한 진압에 나서곤 하였다.

오늘날의 화성시에 해당하는 수원군 장안면 수촌리와 향남면
제암리 등지에서 일어난 대규모 학살은 이를 상징하는 사건이다.
전국으로 확산한 만세 운동의 물결에 지역 공동체에 누적된
불만이 더해져, 수원군 전역에서는 격렬한 수준의 시위가
벌어졌다. 이를 진압하기 위해 출동한 일본군은 주민 대부분을
학살하고 마을 불태우는 등의 만행을 저질렀다. 이후 이 일은
스코필드(Frank William Schofield, 1889-1970)를 비롯한 여러
선교사에 의해 외부로 전해졌다. 현재 이곳에는 잔혹했던
지난날을 기억하는 기념관이 세워져 있다. 과거를 솜씨 있게
요약한 영상이 상영되니, 놓치지 않고 보는 편이 좋다.

발을 옮겨 수원을 향하면, 도립병원에 해당하는 수원자혜병원 터를 발견할 수 있다. 오늘날의 수원행궁 봉수당 자리다.

일제는 식민지 조선에 거주하는 일본인의 치료를 위해, 그리고 치료하는 일본인과 치료받는 조선인의 구도를 통해 식민 지배를 정당화하기 위해 곳곳에 병원을 설치하여 운영하였다. 이러한 의도를 간파한 조선 민중은 1919년 당시 자혜병원 앞에서 조선의 독립을 외쳤고, 이들은 일부 체포되어 옥살이를 하였다. 이러한 역사는 수원행궁의 안내문에도 나와있지 않으니, 숨겨진 지난날을 되새기며 행궁을 돌아보는 일도 의미있을 것이다.

마지막으로 볼 곳은 고양이다. 이곳에서는 하얼빈 편에서도 다루었던 이원재의 흔적을 돌아볼 수 있다. 블라디보스토크와 하얼빈 등지의 독립운동을 지원했던 그는 일제의 감시망이 강화되자, 나이 칠순을 앞두고 고양으로 이주했다. 이원재는 여기에서 아버지 이가순이 추진하던 지역의 숙원 사업인 양수장 건립을 완성하였고, 지역 주민들은 감사의 마음을 담아 숭덕비를 세웠다. 양수장과 숭덕비를 따라 걸으며, 독립운동의 원동력이 무엇인지, 무엇이 애국지사의 마음을 움직였는지 생각해보자. 어쩌면 그것은 잃어버린 고국이라는 추상적인 관념이 아닌, 일제강점기를 온몸으로 견뎌야 했던 보통 사람들의 고된 나날이었을지도 모르겠다.

화성·수원에서는

돌아볼 곳

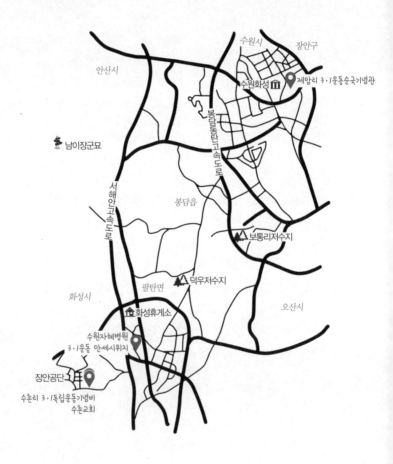

수원시

장안구

안산시

수원화성 🏛 제암리 3·1운동순국기념관

봉담동탄고속도로

🗻 남이장군모

서해안고속도로

봉담읍

보통리저수지 ⛰

덕우저수지 ⛰

화성시

팔탄면

오산시

🏠 화성휴게소

수원자혜병원 📍
3·1운동 만세시위지

장안공단

수촌리 3·1독립운동기념비
수촌교회

수촌리 3·1독립운동기념비, 수촌교회

[수촌리 3·1독립운동기념비] 경기도 화성시 장안면 3·1만세로 471
[수촌교회] 경기도 화성시 장안면 수촌큰말길 32

1919년 3월 중순부터 시작된 수원 지방의 만세 시위는 시간의
흐름과 함께 점차 과격해졌다. 오래도록 켜켜이 누적된
지역 공동체의 불만에 3·1운동이라는 기폭제가 더해진
결과였다. 일본인 상점과 면사무소 등에 불이 붙었고, 사태를
진압하려는 일본군의 강경 대응은 외려 시위를 격화시키는
결과를 낳았다. 결국 시위대에 권총을 발사한 일본인
순사 가와바타(川端豊太郎)가 조선인에 의해 살해되는 일이
발생하였다. 이에 일본군은 보복성 진압에 나섰다.
시작은 시위를 주도하던 수촌리였다. 1919년 4월 6일,
수촌리를 들이닥친 일본군은 수촌리의 가옥에 불을 지르고
불을 끄러 나온 주민에게 총을 발생하였다. 이에 따라 수촌리
가옥 42채 중 38채가 불타고 주민 상당수가 사망하였으며,
김교철(金教哲) 등은 헌병대에 체포되어 옥고를 치르기도 했다.
1905년에 설립되어 지역의 구심점이 되었던 수촌교회 역시
이 사건으로 전소되었다.

수촌교회의 모습

1919년 전소된 이후 1922년 아펜젤러 등의 도움으로 초가 8칸으로 신축되었으며, 이후 여러 번의
신축을 거쳐 1965년 오늘날의 양옥 예배당을 지어올렸다. 교회 오른편에 초가의 모습이 복원되어 있다.

수촌리 3·1독립운동기념비

수촌리의 억울한 희생과 독립을 향한 결연한
의지를 기리기 위해 1974년 3월 1일에 건립되었다.

제암리 3·1운동순국기념관

경기도 화성시 향남읍 제암길 50

수촌리의 학살은 제암리에서도 이어졌다. 수촌리를 모두
진압했다고 생각한 일본군은 4월 15일 제암리를 향했다.
집회가 있으니 15세 이상 남자는 모두 제암교회로 집합하라는
공지가 하달되었고, 아리타 도시오(有田俊夫)가 이끄는
헌병대는 교회의 문을 걸어잠그고 그대로 불을 붙였다. 빠져
나오는 사람들에게는 총격이 가해졌다. 23명의 주민을 학살한
일본군은 이웃 마을 고주리로 넘어가 독립운동을 이끄는
김흥렬(金興烈) 일가 6인을 난도질하여 살해했다.

그대로 잊혀질 뻔한 일을 밖으로 알린 인물은 선교사이자
수의학자였던 스코필드였다. 독립운동에 대한 공로 덕분에
34번째 민족대표라고 불리기도 했던 스코필드는 4월 17일
자전거를 타고 제암리와 수촌리로 향했다. 여기에서 그는
일본군이 저지른 만행의 현장을 기록하고, 치료가 필요한
주민을 돕는 한편, 이리저리 흩어진 시신을 수습하였다.

스코필드의 현장 조사는 「수촌리 학살 보고서」와 「제암리 대학살」이라는 이름으로 『프레스비테리안 위트니스』와 『상하이 가제트』 등에 게재되었으며, 사진은 세브란스의학전문학교에 재학 중이던 송춘근을 통해 미국 선교회와 신문사 등에 보내져, 일본군경의 잔혹함을 폭로하는 데 이용되었다.

오늘날 제암교회 자리에는 제암리 3·1운동순국기념관이 세워져 과거의 아픔을 전하고 있다. 제1전시실에서는 제암리와 수촌리를 비롯한 화성의 독립운동과 일제의 만행을 증언하는 여러 유물을 전시하고 있고, 제2전시실에서는 중국의 난징대학살과 프랑스의 오라두르-쉬르-글란느 학살사건 등 세계사의 여러 학살 사건에 대한 자료가 전시 중이다. 기념관의 근처에는 순국 선열을 상징하는 조각과 기념탑, 스코필드 박사 동상이 설치되어 있다.

3·1운동순국기념탑
제암리와 고주리의 학살 사건으로
순국한 29명의 선열을 기리기 위해
1959년 4월 세워졌다.

스코필드 박사 동상
제암리와 수촌리의 참상을 밖으로 알린 스코필드 박사를 기리기 위해 세워졌다. 동상
옆에는 스코필드를 기념하기 위한 커다란 기념비와 스코필드 박사의 손녀가 기증한
나무가 심어져 있다.

수원자혜병원 3 · 1운동 만세시위지

경기도 수원시 팔달구 정조로 825(화성행궁 내 봉수당)

수원에 위치한 화성행궁은 워낙에 유명한 곳이지만, 이곳에
일종의 도립의료원인 수원자혜병원이 있었다는 사실을
아는 이는 그리 많지 않다. 일제는 조선에 건너온 일본인의
치료와 식민지배의 정당화를 위하여 화성행궁의 봉수당 등을
차출하여 병원을 운영하였다. 병원에는 일제의 자비로운
은혜에 감사하라는 자혜병원이라는 이름이 붙었다. 여기에
조선의 궁을 빼앗는다는 의미도 있었으니, 일제의 입장에서는
일석이조에 해당하는 일이었다.
물론 조선 민중 역시 일제의 이러한 의도를 모를리 없었다.
자혜병원 앞에서의 시위는 기생이 주도하였다. 1919년
3월 29일, 수원 기생조합에 기생들은 정기 검진을 핑계로
자혜병원을 향했다. 이들은 김향화(金香花)를 필두로
수원경찰서 앞에서 먼저 만세를 외치고, 병원 앞에서 시위를
벌인 다음, 다시 수원경찰서로 발을 옮겨 재차 만세를 불렀다.

시위를 주도했던 김향화는 이 일로 징역 6개월을 선고받았다. 이러한 일에도 불구하고, 수원자혜병원은 나날이 커져만 갔다. 만세 시위가 있고 4년 뒤인 1923년에는 아예 봉수당과 인근 행각을 모두 허물고 벽돌 건물을 신축하였고, 독립 이후에도 이는 수원의료원으로 그대로 이용되었다. 이후 1990년대를 지나며 화성행궁 복원 사업이 진행되었으며, 이에 따라 수원자혜병원이 세워지기 이전의 모습으로 돌아가게 되었다.

화성행궁 봉수당
화성행궁의 정전으로 화성으로 행차한 정조가 머무르던 정전이다. 정조의 어머니인 혜경궁 홍씨의 진찬연이 열린 곳이기도 하다.

고양에서는

돌아볼 곳

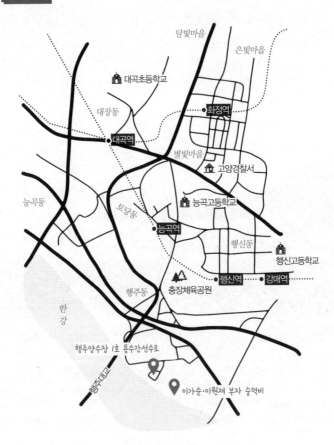

달빛마을

은빛마을

대곡초등학교

대장동

화정역

대곡역

별빛마을

고양경찰서

능곡동

토당동

능곡고등학교

능곡역

행신동

행신고등학교

행주동

충장체육공원

행신역

강매역

한강

행주양수장 1호 용수간선수로

행주대교

이가순·이원재 부자 숭덕비

행주양수장 1호 용수간선수로,
이가순·이원재 부자 숭덕비

[행주양수장 1호 용수간선수로] 경기도 고양시 덕양구 행주외동 산28-8
[이가순·이원재 부자 숭덕비] 경기도 고양시 덕양구 행주외동 140-8(행주산성 역사공원 내)

고양에서는 하얼빈과 블라디보스토크 등지의 독립운동을
지원했던 이원재의 흔적을 돌아볼 수 있다. 하얼빈 편에서도
살펴보았듯, 세브란스연합의학교를 제4회로 졸업한 이원재는
원산 구세병원을 근거지로 삼아 부친 이가순과 장인 노백린의
독립운동을 물심양면으로 후원하였으며, 1920년대 초에는
하얼빈에 고려병원을 개원하여 한인의 자립과 독립운동을
지원하였다.

물론 이원재의 활동이 독립운동에만 국한된 것은 아니었다.
1920년대 중반 건강의 악화로 강릉으로 내려온 그는
관동의원을 개원하는 한편, 강릉농산조합을 조직하여
조합원의 자립자족을 도우려했다. 시간이 흘러 1930년대
초에는 경성으로 자리를 옮겼으며, 여기에서 이원재는
실비진료운동을 벌였다. 값비싼 진료비 탓에 높아진 병원의
문턱을 낮추어 가난한 민중들에게 도움을 주기 위함이었다.

국내 편

보통 사람들의 삶을 개선하기 위한 이원재의 활동은 은퇴 이후에도 이어졌다. 나이 칠순을 바라보던 시기, 친인척이 모여 살던 경기도 고양으로 이주한 이원재는 여기에서도 다시 지역민의 숙원사업이었던 양수장 문제에 천착했다. 고양군 토당동 일대는 한강의 범람과 가뭄으로 농지개간에 애를 먹고 있었다. 천신만고 끝에 양수장 건설이 시작되었으나 이를 주도하던 이가순이 사망하고 말았고, 이원재는 아버지의 뜻을 물려받아 해방을 전후하여 고양시 토당동에서 백석동에 걸쳐 15km에 달하는 수로를 완성시켰다. 행주양수장 1호 용수간선수로는 오늘날에도 고양과 파주의 경계를 넘어 삼남리까지 4500여 헥타르에 용수를 공급하고 있다.

이원재의 삶은 독립운동이 무엇을 위한 활동이었는지 다시금 돌아보게 한다. 독립운동의 목표는 무엇이었을까. 잃어버린 고국이라는 추상적인 존재를 되찾기 위함이었을까. 적어도 이원재에게 독립운동이란 조금은 다른 의미였던 것처럼 보인다. 독립운동을 향한 그의 헌신은 무엇보다 일제에 의해 고통 받는 보통 사람들의 삶을 개선하려는 마음에서 비롯하였기 때문이다. 이원재의 삶에서 강릉농산조합이나 실비진료운동, 양수장 건설은 또 하나의 독립운동이었다.

이가순·이원재 부자 숭덕비
행주산성 역사공원 내에는 이가순과 이원재 부자의 공덕을
기리기 위해 고양 주민들이 세운 숭덕비가 놓여 있다.

경남 만세운동의 주역 도시

함안, 김해, 진주

함안

이태준 생가 터
도천재
삼일독립운동기념비

김해

배동석 지사 생가 터
김해교회

진주

진주교회
배돈교회

경상남도는 1896년 수부(首府, 수도)를 진주로 하여,
종전의 진주부 일원과 동래부, 대구부 일부 등을 합쳐
설치된 행정구역이다. 이후 일제 강점기 때에는 부산부를
도청소재지로 하여 현재의 경상남도와 부산 및 울산광역시를
포함하게 되었다. 이곳은 일본과 지리적으로 근접한 탓에,
침략의 거점이 되었다. 1910년대 말 경기도 다음으로
일본인들이 많이 거주한 지역이었고, 개항지 등을 통한
경제적인 침탈이 가속화되었다. 이에 따라 경남지역의
민중들은 일제에 대한 반감을 키워 나아갔고, 결과적으로는
3·1운동 만세시위가 가장 격렬하게 일어났던 곳 중의 한 곳이
되었다.

경상남도 곳곳이 독립운동의 흔적으로 가득하지만, 이곳에서
우리가 볼 곳은 함안과 김해, 진주이다. 먼저 함안이다. 내륙
지방이지만 경남에서 가장 먼저 독립운동이 일어난 곳으로
유명하다. 특히 세브란스 출신인 배동석이 독립운동을 펼친
곳이기도 하다. 몽골 편 답사기에서도 다룬 이태준의 생가도
함안에 위치한다. 가는 길은 그리 쉽지 않다. 함안역과
군북역이 남아 있고, 한때는 함안역에 KTX가 서기도 했지만
이용자가 적어 현재는 정차하지 않는다. 군북역 역시 사람이
많지 않으니, 차를 이용하는 편이 가장 편리하다.
다음으로 살펴볼 곳은 김해이다. 남해와 인접하여 기후가

온화하며, 덕분에 경상남도에서는 창원시에 이어 두 번째로 인구가 많은 곳이다. 독립운동 역시 활발했다. 특히 오늘날의 동상시장에 해당하는 옛 김해장터가 독립만세시위를 벌인 곳으로 유명하다. 현재는 이를 기려 국내항일운동사적지로 등록되어 있기도 하다. 매년 3-4월에는 만세운동을 재현하는 이벤트가 열리기도 한다. 그러나 정작 이를 주도한 여러 독립운동가에 대한 정보는 턱없이 부족한 형편이다. 세브란스를 나온 배동석 역시 만세운동의 주역 가운데 하나이지만, 여전히 연구가 부족하다.

마지막으로는 진주를 향한다. 1896년 전국을 13도로 개편하면서 경상남도에 포함되었고, 일제강점기인 1925년에 경상남도 도청이 부산으로 이전되기까지 도청소재지였던 곳이다. 독립운동의 규모 역시 남달랐다. 진주의 만세운동은 참가연인원이 3만 여명으로 알려졌으며, 이는 서울의 만세운동 다음으로 많은 군중이 집결한 결과이다. 오늘날에는 진주성 내에 3·1독립운동기념비가 세워져 나라를 되찾기 위한 지난날의 노력을 기리고 있다. 진주는 또한 1909년 창간한 한국 최초의 지방신문인 경남일보가 발행된 곳이기도 하다. 가는 길은 어렵지 않다. 고속도로가 잘 닦여있어 차편 이동도 편리하고, 최근 진주역에 KTX가 정차하게 되면서 기차로 가는 길도 어렵지 않다.

함안에서는

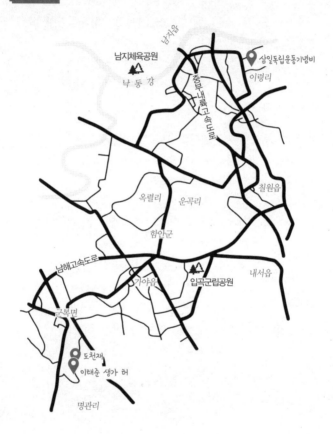

이태준 생가 터

경상남도 함안군 군북면 명관리 명관저수지 자리

몽골에서 활동한 세브란스 출신의 의사이자 독립운동가인
이태준(李泰俊: 1883-1921)의 생가가 이곳 함안에 자리하고 있다.
그의 생가는 큰 길에서 간선도로를 따라 인적이 드문 곳까지
들어가야 찾을 수 있다. 그렇다고 그의 생가가 남아있는
것은 아니다. 저수지를 만들면서 생가 터는 수몰되었다. 현재
건설되어 있는 명관 저수지의 어딘가가 그의 생가 터이다.
생가의 실제 모습을 볼 수 없지만, 도회지가 아닌 첩첩산중의
시골에서 그가 서울로 상경할 생각을 하게 되었을까
더욱 궁금해졌다. 세브란스에 진학하고 졸업 후 의사로서
중국으로, 몽골로 뻗어 나가며 의술을 펼치며 '의술은
인술'임을 보여준 그를 기리기 위한 사업들이 진행되고
있다고 한다.
그의 생가가 수몰되고, 한국에서 그의 흔적을 보여줄 수
있는 것들이 많이 남아있지 않아 아쉽기만 하지만, 국외에서

우리나라의 독립을 위해 힘쓴 이태준을 기념하는 사업이
함안에서도 궤도에 오르길 기대해본다.

이태준 생가 터
현재는 수몰되어 명관저수지가 되었다.

근대의학과 의사 독립운동 탐방기

도천재

경상남도 함안군 군북면 명관리 536

몽골에서 활동한 세브란스 출신의 의사이자 독립운동가인
이태준이 한학을 공부하던 곳이다. 도천재는 이태준 생가
터에서 차로 약 5분 거리에 위치하고 있다. 도천재는 이괄의
난을 평정하여 진무공신(振武功臣)으로 봉해진 이휴복(李休復)의
공신교서(功臣敎書)가 있는 곳으로 유명하다. 이태준은
이곳에서 한학을 공부하다가 서울로 올라와 24살의 나이에
세브란스에 입학하였다.
도천재를 방문했던 날은 아쉽게도 문이 닫혀 있었지만,
대문 안쪽에는 잘 관리된 단아한 한옥이 여러 채 자리잡고
있었다. 이태준이 어느 곳에서 한학을 배웠을지는 상상력을
동원해보는 수밖에 없다.

이태준이 한학을 공부한 도천재

근대의학과 의사 독립운동 탐방기

삼일독립운동기념비

경상남도 함안군 칠북면 온천로 63(칠서초등학교 이령분교 내)

함안의 3·1운동은 3월 9일 칠북 연개장터 의거를 시발로 이후 함안 지역에서 34일 동안 11회 이상, 1만 2,000여 명이 참가하여 전개되었다. 꽤 이른 시기에 전개되어 경남 3·1운동의 기폭제가 되었다고 알려진 연개장터에서의 독립만세운동을 기리기 위하여 옛 연개장터의 터에 기념비를 세웠다.

기념비는 현재 칠서초등학교 이령분교 안에 위치해 있고, 2003년 3월 1일에 세워졌다. 기념탑의 뒤쪽에는 탑을 에워싸듯이 비석이 세워져 있다.

비석의 반은 칠북 3·9연개장터 독립만세운동이라는 제목으로 3·1독립만세운동이 일어난 계기와 이것이 칠북독립만세운동으로 연결된 역사적 사실, 그리고 연개장터에서 만세운동을 주도한 인물들의 이름이 새겨져 있다. 나머지 반에는 기미독립선언서의 내용이 새겨져 있다.

칠서초등학교는 주변에 큰 건물들이 없는 전형적인 시골에 위치한다. 인적이 드문 길을 따라 시내에서 한참 들어가야 칠서초등학교에 도착한다. 어떻게 이런 내륙지방의 장터에서 경남 독립운동의 기폭제가 되었던 만세운동이 일어날 수 있었을까? 이곳에서도 배동석의 이름을 찾기는 어렵지 않다. 칠북은 배동석의 처가가 있던 곳이고, 배동석은 칠북 유지의 사위로 일경의 의심을 피해 자유롭게 왕래할 수 있었다. 배동석은 칠곡에 독립선언문과 만세운동에 관한 정보를 제공했고, 연개장터는 만세운동을 위해 사람들이 자연스럽게 모일 수 있는 최적의 장소였다.

**칠서초등학교 이령분교에 있는
3·1독립운동기념탑**

김해에서는

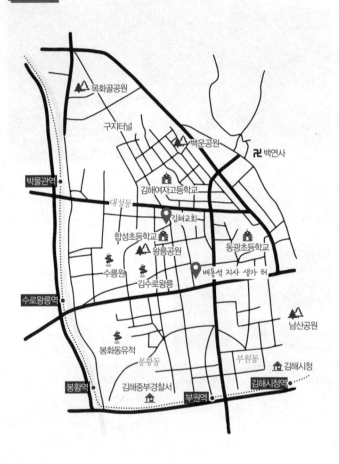

목화골공원

구지터널

백운공원

卍 백연사

박물관역

대성동

김해여자고등학교

김해교회

합성초등학교

왕릉공원

동광초등학교

수릉원

김수로왕릉

배동석 지사 생가 터

남산공원

수로왕릉역

봉화동유적

봉황동

부원동

김해시청

봉황역

김해중부경찰서

부원역

김해시청역

배동석 지사 생가 터

경상남도 김해시 분성로 335번길 8(표지판 위치)

부산에서 차로 한 시간 남짓 이동하면 김해 전통시장인
동상시장에 도착한다. 이곳이 바로 배동석(裵東奭: 1891-1924)이
태어난 곳이다. 배동석의 부친 배성두 장로는 한약업에
종사하여 큰 부를 모았다. 배성두는 김해교회와 김해협성학교
등을 설립했다. 배동석은 미션계인 대구 계성학교과
경성 경신학교를 다니면서 독립운동에 참여했으며,
대한광복회의 일원으로 해외에서도 활약하였다. 1917년
세브란스연합의학전문학교에 입학한 배동석은 3·1운동 시기
파고다공원 만세시위에 학생 대표로 참가하였고, 함안과 김해
등지에서 독립선언문을 배포하고 만세운동에 참여했다. 그는
체포되어 서대문형무소에 수감 중에 혹심한 고문을 당했다.
세브란스연합의학전문학교 교장인 에비슨은 배동석의
결핵 치료를 명분으로 보석을 허가 받았고, 세브란스병원에
한국 최초의 결핵병사를 만들어 그를 치료하였다. 대부분의

학생들이 6개월 내외의 징역형을 받았는데, 배동석을
1년형을 선고받았을 정도로 3·1운동에서 주역으로
활약했음에도 불구하고 많이 알려져 있지 않은 인물이다.
그의 3·1운동에서의 역할과 활동을 기려 연세의대에서는
2008년에 명예졸업장을 수여했고, 1980년에 대통령표창을,
1990년에는 건국훈장 애족장에 추서되어 대전 국립현충원에
안장되었다.

배동석의 생가 터는 시장 한복판의 중국집 경화춘 부근에
자리하고 있다. 생가는 없어진지 오래고, 생가 터 앞의
전신주에 초라하게 붙어있는 안내문이 이곳이 배동석의
생가 터임을 알려준다. 안내판은 2015년에 설치되었는데,
배동석의 모교 이름조차 세브란스연합의학전문학교가 아니라
경성연합의학전문학교로 오기되어 있다.

배동석 생가를 알려주는 표지판

김해 동상시장 내 배동석 생가 터
전신주에 작은 안내판이 보인다.

김해교회

경상남도 김해시 가락로 117

배동석의 생가 터에서 멀지 않은 곳에 김해교회가 위치하고
있다. 김해교회는 배동석의 아버지인 배성두가 세운
교회이다. 배성두는 김해에서 약방을 운영한 인물로, 1893년
미국 북장로교 베어드(William M. Baird, 1862~1931) 선교사를
만나면서 목사로서의 삶을 산 인물이다. 이듬해인 1894년
본가에서 교회를 시작하였고, 현재의 위치로 이전했다. 교회
옆의 부지에는 합성초등학교가 위치해 있는데, 그 시초는
배성두가 세운 합성학교이다.

김해교회 내에는 김해교회와 합성학교를 세운 배성두의
업적과 그의 아들인 배동석이 3·1만세운동에서 학생대표로
활동한 것과 김해 및 함안 지역에서 3·1운동을 일으킨
주역이었음을 기리는 표지석이 놓여 있다.

근대의학과 의사 독립운동 탐방기

진주에서는

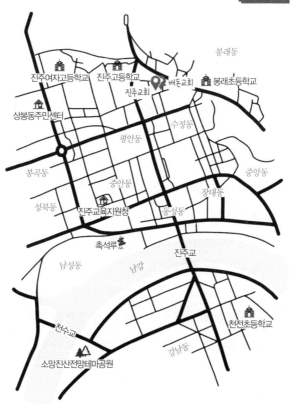

진주여자고등학교　진주고등학교　배돈교회　봉래초등학교
진주교회
봉래동
상봉동주민센터
수정동
평안동
봉곡동
중앙동
중안동
장대동
성북동　진주교육지원청　동성동
촉석루
진주교
남성동　남강
천수교
천전초등학교
소망진산전망테마공원
강남동

진주교회

경상남도 진주시 봉래동 37

진주교회는 1905년 호주에서 온 휴 커렐(Hugh Currel)
선교사가 세운 교회로, 진주의 독립운동의 산실이다.
진주의 독립운동은 교회의 종소리가 그 시작을 알렸다.
종소리를 들은 진주지역 성도들과 시민들이 다 같이 거리로
나와 만세삼창을 외쳤다고 한다. 일주일간 지속된 진주
독립만세운동은 기생과 걸인에 이르기까지 약 3만 9,000명이
참여하는 등 전국에서 두 번째 규모로 진행됐다. 운동의
시작을 알린 종소리가 바로 봉래동에 위치한 진주교회의
종에서 울려퍼진 것이었다. 이러한 연유로 진주교회에서는
진주 만세운동을 알린 교회의 종을 당시 모습과 무게를 따라
최대한 복원하였고, 교회 초입에 종탑을 설치하였다.

**진주교회에 세워진
진주독립운동기념종탑**

**진주교회와
진주독립운동기념종탑**

배돈교회

경상남도 진주시 봉래동 37(진주교회 옆 공터)

진주교회를 바라보고 오른쪽 편 공터에는 배돈병원 터가
자리하고 있다. 배돈병원도 진주교회와 마찬가지로 1905년
호주에서 온 휴 커렐(Hugh Currel) 선교사가 세웠고, 세브란스의
정신과학교실의 교수로 활동했던 호주 선교사 맥라렌이
근무하기도 했다.

배돈병원은 1913년부터 한국전쟁 시기까지 운영되면서
진주지역의 지역의료와 의료의 근대화를 담당하였다.

1941년 일제가 외국인 선교사를 모두 추방하여 병원 경영은
어려워졌고, 한국전쟁으로 병원은 파괴되었다. 현재는 터가
위치했던 자리를 알려주는 안내판이 세워져 있다.

이것은 2013년 경남 근대역사유적지를 단장하면서 세워진
역사유적 안내표지판으로, 안내판에 실려 있는 사진을 통해
배돈병원의 옛 모습을 짐작해 볼 수 있다.

근대의학과 의사 독립운동 탐방기

배돈병원 터

진주교회 옆 공터에 배돈병원 터를 알려주는 표석이 있다.

1910년대 진주 배돈병원

국내 편

개항과 전시구호의 거점
부산, 거제

부산

부산대학교 의과대학 의학역사관
제생의원 개원 터
부산대학교 부속병원
김성국의원

거제

세브란스 구호병원

부산하면 으레 바다와 갈매기가 떠오르듯. 부산은 한국 제일의 항구도시이다. 세계에서 수위를 다투는 규모의 부산항과 이를 바탕으로 발전한 해상 무역과 물류 산업 덕분에. 부산은 오늘날 한국 제2의 도시로 성장할 수 있었다. 그러나 세상일이 늘 그러하듯 이 역시 마냥 좋은 일만은 아니었다. 물류 이동의 편리함은 곧 침략의 주된 통로가 될 수 있음을 의미했기 때문이다.

부산이 물류의 중심으로 발돋움한 것은 임진왜란 이후의 일이다. 조선과 일본이 국교를 재개하면서 양측의 사절단이 머무를 공간으로 왜관이 설치되었고, 이는 1876년까지 유지되었다. 그리고 1876년 조일수호조약으로 부산항의 개항이 결정되면서 본격적인 경제 침탈이 시작되었다. 많은 일본인이 부산을 통해 한국으로 들어왔고, 무단 침탈과 함께 한국의 경제 자주권은 일제에 의해 짓밟히고 말았다.

부산의 굴곡진 역사는 여기에서 그치지 않는다. 광복 이후에는 한국전쟁의 발발로 1953년까지 임시수도가 되었다. 일본과 가깝다는 사실은 북한으로부터 가장 멀리 떨어져있음을 뜻하였다. 전쟁을 피하려는 수많은 이들이 부산으로 몰려들었고, 이로써 부산은 또 한 번의 변화를 마주하게 되었다. 이렇듯 부산의 역사는 특유의 지리적 위치에서 비롯한 격랑 속에서 만들어졌다.

이곳에서는 먼저 개항과 함께 설치된 제생의원의 흔적을
둘러볼 수 있다. 개항은 일본인의 유입만을 의미하지 않았다.
이는 또한 일본의 여러 문화와 제도가 들어오는 계기이기도
했다. 일본의 의학 역시 마찬가지였다. 한국에 거주하게
된 일본인의 진료를 위해 크고 작은 병원이 설치되었고,
제생의원은 그들 중에서도 가장 먼저 만들어진 병원이었다.
마침 부산대학교 의과대학 의학역사관에 제생의원의 지난 날이
전시되어있으니, 이를 참고할 수 있다.

여기에 더해 양산에서 출생하여 세브란스연합의학전문학교
재학 중 3·1운동을 주도하였던 김성국의 병원 터도 함께
돌아볼 수 있다. 3·1운동의 열기는 한반도 전역을 휩쓸었고,
부산이라고 예외일 수는 없었다. 오히려 일본의 침탈을
처음부터 목도했기에, 그 어느 곳보다 현실의 모순에 일찍
눈을 뜬 곳이 바로 부산이었다. 부산에서의 만세 운동은
학생을 중심으로 시작하여 점차 농민과 노동자로 확산하였고,
대규모의 운동으로 확대되었다.

그 다음으로 살펴볼 곳은 거제도이다. 부산과 함께 전쟁을
피하려는 피난민으로 북적였던 곳이다. 한국전쟁 전만
하더라도 10만 명의 주민이 살았지만, 전란이 터지며 피난민
15만 명과 포로 10만 명 등을 받아들이게 되었다. 피난민의
치료를 위해 미8군이 약품과 의료소모품 등을 지원하였고,

세브란스병원 역시 서울의 의료 인력과 장비를 일부 옮겨와 거제도에 세브란스구호병원을 개원하였다. 아쉽게도 지금은 쓸쓸한 폐허만이 남아있다. 물론 이는 더 이상 구호병원이 필요하지 않음을 뜻할 테니. 오히려 다행한 일일지도 모르겠다.

부산에서는

돌아볼 곳

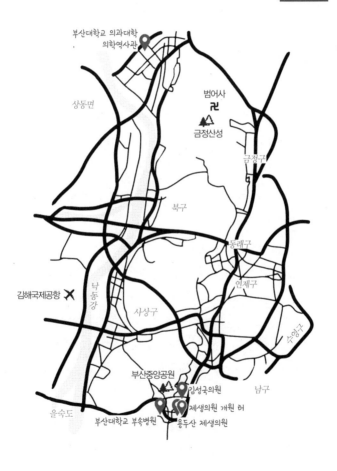

부산대학교 의과대학
의학역사관

상동면

범어사
금정산성

금정구

북구

동래구

김해국제공항

낙동강

사상구

연제구

수영구

부산중앙공원
김성국의원
제생의원 개원 허
울숙도
부산대학교 부속병원 용두산 제생의원

남구

부산대학교 의과대학 의학역사관

경상남도 양산시 물금읍 범어리 부산대학로 49(부산대학교 의학전문대학원)

부산의대 의학역사관은 1955년 부산대학교 의과대학 개교부터 양산캠퍼스를 신축하기까지의 자료, 우리나라 근대의학 발전과정을 보여주는 사료를 정리하여 전시하고 있다. 부산대학교 의과대학의 개교는 한국전쟁 후인 1955년이지만, 병원의 역사는 제생의원의 건립으로 거슬러 올라간다.

제생의원은 1877년에 부산에 시워진 병원으로, 처음에는 일본인 군의(軍醫) 고이케가 원장으로 부임하였다. 1880년대 초까지 몇 차례 병원 위치를 이전하면서 확장하였고, 이후 부산부립병원의 전신이 되었다. 부산의대 의학역사관에는 부산대학교부속병원이 제생의원에서부터 역사가 시작되어, 부산부립병원을 거쳐 현재 부산대학교 부속병원으로 이어진 것으로 설명하고 있다.

부산대학교 의과대학 양산캠퍼스는 도심에서 조금 떨어진

근대의학과 의사 독립운동 탐방기

지역에 위치하다보니 일부러 찾아가지 않으면 쉽게 가기는 어렵다. 그러나 부산의 의학 역사와 의료의 변천에 관심이 있다면 한 번 가보길 추천한다. 지석영·정인철·장기려 등 역사적으로 부산의대와 관련 깊은 인물, 그리고 사진으로나마 옛 병원 건물들을 확인해 볼 수 있다.

부산의대 의학역사관의 전시물

제생의원 개원 터

부산광역시 중구 광복로 85번길 17(한일주차장과 그 동쪽 상가 건물)
→ 부산광역시 중구 광복동 2가 2-1

부산이 개항한 이후 설립된 부산일본영사관(이후
이사청, 부산부청) 입구 아래 동쪽에는 작은 밭이 있었다.
1877년 이곳에 제생의원이 처음 설립되었다고 알려져
있다. 제생의원은 1877년 일본인을 위해 설립된
근대병원으로, 지석영이 종두술을 처음 배운 곳으로
알려져 있다. 제생의원은 제생의원이라는 명칭으로
한 차례 이전하였고, 그 이후에는 공립병원(共立病院),
공립병원(公立病院), 부산거류민단립병원(釜山居留民團立病院)을
거쳐 부산부립병원으로 명칭이 변경되었다.
제생의원의 첫 개원 장소는 현재 광복로 85길 17에 위치하고
있는 한일주차장과 그 동쪽의 상가건물 일대이다. 일본인을
위한 병원이었기 때문에, 초기부터 그 규모가 크지는
않았음을 짐작할 수 있다.

근대의학과 의사 독립운동 탐방기

**제생의원이
처음 개원한 자리**
골목이 좁아 전경을 모두
담기 힘들다.

2년 후인 1879년에 병원 원장이 일본정부에 신축을
요청하였고, 1880년에는 용두산 남쪽 기슭 경사진 곳에
세워졌다. 이때 신축된 병원은 200평 정도였다고 한다. 이전한
새 제생의원은 광복동 구 로얄관광호텔 자리이다.
현재 로얄관광호텔은 남포동으로 이전하여 운영 중이고,
구 로얄관광호텔 자리는 한동안 방치되었다가 최근에
리모델링을 하고 있는 것으로 보였다. 이전한 제생의원
자리는 용두산에서 바라보아도, 그 반대편인 번화가에서

바라보아도 언덕 위에 위치하고, 현재의 기준으로 생각해보면 이용하기에 불편했을 것 같다고 생각할 수 있다. 그러나 당시에는 평지보다는 볕이 잘 들고, 통풍이 잘 될 만한 지역을 선택하여 이전한 것이 아닐까 추정해본다.

용두산 밑의 제생의원 자리

부산대학교 부속병원

부산광역시 서구 구덕로 179

**부산의대 의학역사관에
전시되어 있는 철거 이전
부속병원 모형**

부산의 도시 규모가 커지고 의료 수요가 증대하자, 1936년
부산부립병원은 현재 부산광역시 서구 아미동(현 구덕로)으로
신축·이전하였다. 이는 해방 이후 부산대학교 의과대학
부속병원으로 이어졌다. 이 과정에서 기존의 부산부립병원
건물은 철거하여 현재 이전 건물은 남아있지 않다. 부산의대
의학역사관에서 철거 전 부산부립병원의 모습을 확인할 수
있다.

김성국의원

부산광역시 중구 영주동 663-1

경남 양산 출신이며, 세브란스 출신으로 독립운동에
가담 한 김성국이라는 인물이 있다. 그는 언더우드가
설립한 경신학교 재학중에 경성의 각 학교에서 일어난
한일합방 결사반대운동에 가담하여 옥고를 치르기도 했고,
세브란스연합의학전문학교 3학년 때에는 3·1만세운동에
가담하였다. 독립선언서를 사전에 배포하는 역할을 맡았고,
만세운동 당시에는 진두에 서서 군중을 이끌었다고 알려진
인물이기도 하다.

그는 1922년 의사시험에 합격한 후 고향으로 내려와 병원을
개원했는데, 이것이 김성국의원이다. 여관으로 사용되는
건물이 그가 병원을 개원했던 곳이다.

김성국의원이 있었던 자리

거제에서는

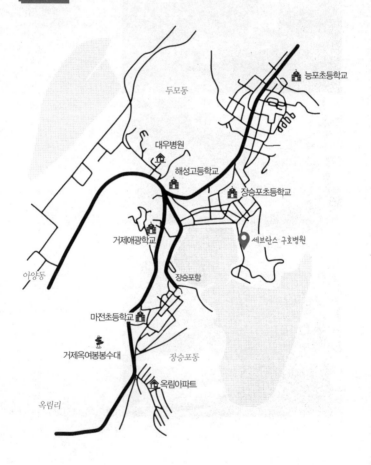

돌아볼 곳

능포초등학교

두모동

대우병원

해성고등학교

장승포초등학교

거제애광학교

세브란스 구호병원

아양동

장승포항

마전초등학교

거제옥여봉봉수대

장승포동

옥림아파트

옥림리

세브란스 구호병원

경상남도 거제도 장승포로5길 4 부근

장승포항 주변에는 수산물시장과 이곳 주민들이 거주지가
어우러져 있다. 거제도는 1970년대부터 조선업으로
유명해졌는데, 조선업의 경기가 침체된 시기에 방문해서 인지
한산한 모습을 보였다.

세브란스 구호병원은 장승포항과 멀지 않은 곳에 위치하고
있다. 구호병원은 현재 남아있지는 않으나 지역주민의
말로는 1980년대까지 병원으로 사용되었다고 한다. 현재
구호병원 터는 대부분 폐허가 된 채로 방치되어 있었고, 입구
쪽에 위치했던 것으로 추정되는 돌기둥과 담벽의 일부만이
남아있다. 아마도 병원 출입문을 표시해주는 돌기둥이
아니었을까 싶다.

구호병원의 입구
왼쪽으로 병원의 담벽이 남아있는 모습이 보인다.

근대의학과 의사 독립운동 탐방기

거제 장승포 세브란스 구호병원(1952)

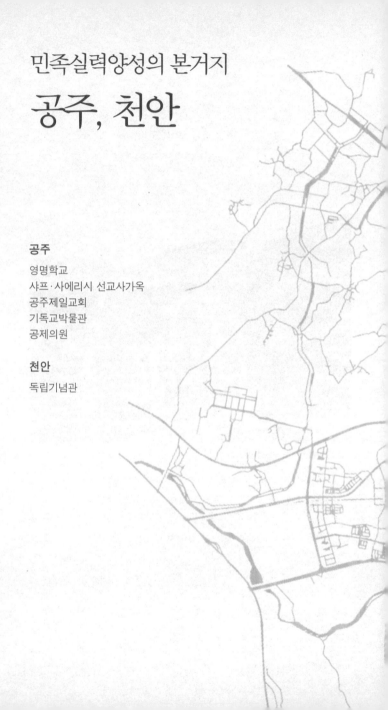

민족실력양성의 본거지

공주, 천안

공주

영명학교
샤프·사에리시 선교사가옥
공주제일교회
기독교박물관
공제의원

천안

독립기념관

유관순 열사의 고향으로도 알려진 충청 지역은 유서 깊은
독립운동의 고장이다. 명성황후의 시해와 단발령 이후 일어난
1895년의 을미의병과 호좌의병, 1896년까지 활동했던
홍주의병 등은 모두 충청을 기반으로 삼았다.
뿐만이 아니었다. 3·1운동 역시 격렬했다. 유명한 천안
아우내장터에서는 유관순 열사의 주도 하에 3,000여
명이 만세를 불렀고, 유관순 열사의 부모 유중권,
이소제를 포함한 10여 명이 순국하였다. 만세의 함성은
당진·대전·논산·예산·서산 등을 휩쓸었다.

그 이후에도 한용운과 손병희, 신석구 등 다수의 민족대표,
신간회 회장 이상재, 청산리전투의 김좌진, 대한민국임시정부
주석 이동녕, 상하이 홍커우공원에서 도시락폭탄을 던진
윤봉길 등이 모두 충청에서 나왔으니, 가히 충청은 독립운동의
본거지라고 할 수 있었다. 일본군이 경기 다음의 위협지역으로
충청을 지목할 정도였다.

물론 독립운동이 지속하기 위해서는 장기적인
계획도 필요했다. 교육을 통해 내실을 기하여
민족의 실력을 양성하는 일이었다. 충청에서는
서령학교·호명학교·육영재·보명학교·상산학교·문동학교를
비롯하여, 충청으로 파견된 여러 선교사가 설립한 영명학교
등이 세워져 근대적인 교육을 실시하였다. 이러한 여러 근대

교육기관은 그 자체로 독립운동의 구심점이 되었을 뿐 아니라, 미래를 위한 초석을 다지는 역할을 수행하였다.

충청도 일대의 답사지를 모두 둘러볼 수 있다면 가장 좋겠지만, 여기에서는 대표적인 선교 학교였던 공주 영명학교를 돌아본다. 영명학교는 샤프 선교사 내외가 설립한 명설학당과 명선학당의 후신으로, 유관순 열사를 비롯한 수많은 독립투사를 양성하였다.

영명학교를 둘러본 뒤에는 공주제일교회와 공제의원 터를 살펴볼 수 있다. 공주제일교회는 영명학교와 함께 공주의 독립운동을 주도했던 곳이다. 교회 바로 옆에는 공제의원의 터가 있다. 만세운동을 함께 주도했던 양재순(梁載淳, 1901 - 1998)이 세브란스연합의학전문학교(1925년 졸업)를 졸업한 후 지역민의 진료에 힘썼던 곳이다. 이러한 흔적들을 둘러보며, 독립운동의 오늘과 내일을 고민하고 실천했던 여러 독립투사의 뜻을 돌이켜보자.

공주 답사를 마친 뒤에는 천안의 독립기념관에 가는 것도 좋겠다. 한국을 대표하는 독립운동 연구 및 전시 기관답게, 다양한 특별전과 상설전이 열리고 있는 곳이다. 따로 온라인으로 예약하면 친절하고 자세한 해설을 들을 수도 있다. 3·1운동 100주년을 맞아 전시관이 대폭 새롭게 조성되었으니, 이전에 가보았다고 하더라도 다시 가볼 만하다.

공주에서는

돌아볼 곳

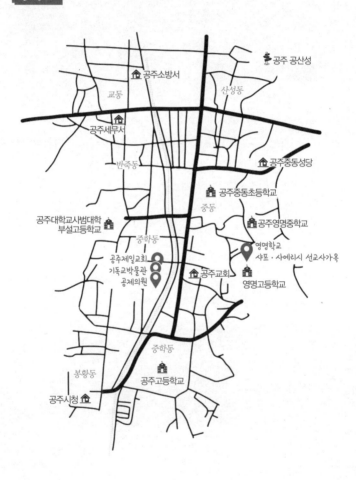

공주 공산성

공주소방서

교동

산성동

공주세무서

반죽동

공주중동성당

공주중동초등학교

중동

공주대학교사범대학
부설고등학교

중학동

공주영명중학교

영명학교
샤포 · 사에리시 선교사가옥

공주제일교회
기독교박물관
공제의원

공주교회

영명고등학교

중학동

봉황동

공주고등학교

공주시청

영명학교, 샤프·사에리시 선교사 가옥

충청남도 공주시 중동 영명학당2길 33(공주 영명중고등학교)

답사의 시작은 영명중학교와 영명고등학교의 전신이자,
유관순의 출신 학교로 이름이 높은 공주 영명학교이다.
1919년 3월 1일의 만세 운동은 하루로 끝난 단발성의
사건이 아니었다. 만세의 함성은 점차 퍼져나가 한반도
전역을 달구었고, 공주에서는 1919년 4월 1일에 만세 운동이
펼쳐졌다. 그리고 공주장터에서 벌어진 시위의 핵심에
영명학교의 교사와 학생이 있었다. 영명학교는 1904년에
한국에 도착한 샤프(Robert Arther Sharp) 선교사와 부인
앨리스(Alice H. Sharp) 여사가 설립한 명설학당과 명선학당에
뿌리를 둔다. 샤프 목사의 갑작스러운 사망으로 학교가 문을
닫은 이후, 공주에 부임한 윌리엄스(William Earl Cranton Williams)
선교사에 의해 중흥학교가 다시 문을 열었고, 마침내 1909년
정부의 공식 인가를 받게 되면서 영명학교와 영명여학교로
교명을 바꾸었다.

당시 영명학교는 공주 지역 독립운동의 구심점이었다.

영명학교 교사 현석칠(玄錫七), 안창호(安昌鎬), 김수철(金洙喆), 김관회(金寬會) 등은 3월 24일부터 만세 시위를 계획하였다. 윤봉균(尹鳳均)이 고종의 국장에 참여하여 독립선언서를 받아 왔고, 3월 31일 이를 유준석(柳俊錫), 노명우(盧明愚), 강윤(姜沇) 등과 함께 등사하였다. 1,000여 매에 달하는 독립선언서는 4월 1일 공주장터에서 양재순·유준석·노명우 등 영명학교 학생에 의해 군중에게 배포되었다. 독립을 향한 뜨거운 열기는 오늘날에도 영명중학교와 영명고등학교 곳곳에 남아 있다. 순국선열의 혼을 기리는 개교 100주년 기념탑이 놓여 있고, 영명역사관이라는 이름의 작은 전시관도 운영되고 있다. 학교 뒤편으로 발길을 돌리면, 고즈넉한 풍경의 '영명동산'이 나타난다. 영명학교의 터를 닦은 샤프 선교사와 앨리스 선교사의 집이 있으니, 빼놓지 말고 들르도록 하자.

영명학교 개교 100주년 기념탑
2006년 10월 15일, 고난받은
선교사와 영명 순국선열을 기리고자
세워진 탑이다. 영명학교의 후신인
공주영명중고등학교 뜰에 위치한다.

샤프 선교사와 사에리시 선교사의 집
샤프와 사에리시 선교사는 영명학교의 전신이 되는 명설학당과 명선학당을 운영하였다. 사에리시
선교사는 이후 한국에 남아 여성 사역에 헌신하였다. 유관순을 양녀로 삼아 교육하고, 이화학당에
편입한 인물이기도 하다.

공주제일교회, 기독교박물관

충청남도 공주시 제민1길 18

공주제일교회는 샤프 선교사와 앨리스 여사를 비롯한 수많은 선교사의 활동 거점이 되었던 곳이다. 이 교회는 1903년, 의료선교사 맥길(William B. McGill)이 이용주 전도사와 힘을 합쳐 설립하였다. 처음에는 두 채의 초가로 시작하여 하나는 예배당으로 또 하나는 교육관 및 치료실로 사용하였고, 제9대 신홍식 목사가 민족대표 33인 가운데 1인으로 참여하는 등 공주에서 일어난 독립운동의 핵심으로 기능하였다. 오늘날의 웅장한 건물은 1931년에 지어졌으나, 이후 6·25전쟁을 겪으며 상당부분 파손되었다. 하지만 건물을 허물고 다시 짓기보다는 남은 벽체와 굴뚝을 보존하여 방식으로 복구 공사가 진행되어 원형에 가까운 모습으로 복원되었다. 공주제일교회의 기나긴 역사를 모두 다루기에는 지면이 부족하다. 교회에서 운영하는 기독교박물관을 방문하여 교회의 역사와 함께 독립운동의 발자취를 따라가 보자.

근대의학과 의사 독립운동 탐방기

공주제일교회 건물
1931년에 새로 지어진 건물이다. 6.25전쟁을 겪으며 파손되었으나, 상당
부분 원형에 가깝게 복원되었다.

공제의원

충청남도 공주시 제민1길 18

공주제일교회 주차장에는 공제의원(公濟醫院)의 위치를 알리는
커다란 비석이 있다. 영명학교에서 독립운동을 주도했던
양재순이 운영했던 병원이다.

양재순은 영명학교를 나와 세브란스연합의학전문학교를
졸업하였고, 이후 세브란스병원과 함흥 자혜병원, 군산
구암병원을 거쳐 1927년 공제의원을 개원하였다. 이후
양재순은 선교와 의료봉사에 헌신하는 한편, 1946년에는
충청남도 보건후생국장에 임명되어 잠시나마 공직에
몸담기도 하였다.

공제의원의 건축은 독립운동을 함께 하던 교인 강윤(姜沇,
1899 - 1975)이 담당하였다. 신촌으로 이전한 이화여전의 여러
건물과 세브란스 병원, 태화사회관, 대구 계성학교, 원산
중앙교회 등을 건축한 실력 있는 인물이었다. 애석하게도
공제의원 건물은 근대문화유산으로서의 가치에도 불구하고

철거되어버렸고, 오늘날에는 사진으로만 남아있다. 주차장 한 켠의 비석만이 과거를 증언할 뿐이다.

공제의원 터를 알리는 비석
양재순이 운영한 공제의원 자리를 알리는 비석이다. 비석 뒷면에는 양재순이 남긴 가훈이 새겨져 있다. "많은 재물보다 명예를 택할 것이요, 은이나 금보다 은총을 더욱 택할 것이니라. 겸손과 여호와를 경외함의 보응은 재물과 영광과 생명이니라." 잠언 22장 1절~4절.

예전 공제의원 모습과 양재순
공제의원이 철거되기 전의 사진이다.
건축사와 의료사에서의 가치를 고려하여
보존했으면 어떨까 하는 아쉬움이 남는다.

천안에서는

돌아볼 곳

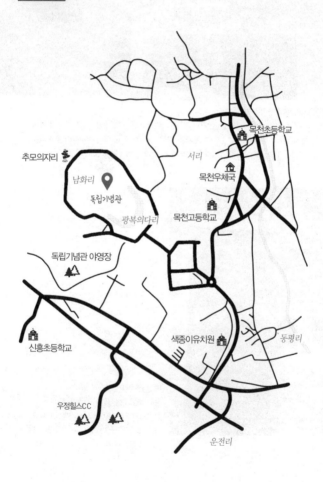

추모의자리

남화리
독립기념관

목천초등학교

서리

목천우체국

목천고등학교

광복의다리

독립기념관 야영장

색종이유치원

동평리

신흥초등학교

우정힐스CC

운전리

독립기념관

충청남도 천안시 동남구 목천읍 삼방로 95

천안을 상징하는 독립기념관은 1987년 개관하였다.
광복 이후부터 꾸준히 독립기념관을 설립하자는 의견이
개진되었지만 매번 예산 문제로 기각되다가, 1982년
일본 문부성의 역사 왜곡 논란 이후 건립이 본격적으로
추진되었다.
당시 일본은 창씨개명과 신사참배, 징용 등이 모두 한국인의
의사에 따른 것이라 주장하였고, 이에 독립유공자를 비롯한
각계 대표가 뜻을 모아 '독립기념관건립추진위원회'를
구성하였다. 국민 성금만 500여 억 원이 모였으니,
독립기념관의 건설은 가히 국민 전체의 뜻이나 다름없는
일이었다.
그러나 1986년 8월 4일, 저가의 장비와 가연성 소재를 사용한
탓에 본관 '겨레의 집'에 불이 나면서 열흘 뒤로 예정된
개관은 취소되고 말았다. 독립기념관은 결국 1년이 지난

1987년 8월 15일에야 비로소 문을 열 수 있었다.

한국을 대표하는 시설인 만큼, 규모 역시 남다르다. 각각 '겨레의 뿌리', '겨레의 시련', '나라 지키기', '평화누리', '나라 되찾기', '새 나라 세우기', '함께하는 독립운동'의 주제로 구성된 7개의 전시관과 더불어, 입체영상관이 설치되어 독립운동과 관련된 영상을 상영한다. 그 외에도 겨레의 탑을 비롯한 다양한 시설물이 군데군데 자리잡고 있으니, 시간을 넉넉히 잡고 둘러보는 편이 좋다.

가는 길은 편리한 편이다. 천안역과 천안종합터미널에서 버스를 탈 수도 있고, 천안-진천 충북리무진시외버스도 독립기념관을 경유한다. 차로 이동할 경우에는 경부고속도로에서 목천IC로 빠지면 바로 근처이다.

겨레의 집
독립기념관의 본관에 해당한다. 수덕사 대웅전을 모방하여 설계한 것으로 알려져 있다.

겨레의 탑
겨레의 집 앞에 놓인 탑이다. 높이가 51m에 이르며, 대지를 박차고 날아오르는 새의 모양과 기도를 위해 모은 손의 모양을 본떠 만들어졌다.

일제 수탈을 이겨낸 평야

익산, 전주,
정읍·김제, 군산

익산

3·1운동기념비
3·1독립운동 4.4만세기념공원
삼산의원

전주

예수병원
의학박물관

정읍·김제

화호리 구 일본인농장 가옥(구마모토농장 가옥)
쌀창고 및 화호중앙병원
죽산면 구 일본인농장 사무실(하시모토농장 사무소)

군산

이영춘 가옥
3·1운동역사공원
멜볼딘여학교
근대역사박물관

일제에 의한 무단 침탈이 시작되면서, 전라도는 집중적인
수탈의 대상이 되었다. 한때는 축복이었을 드넓은 평야
때문이었다. 많은 일본인 지주가 김제평야와 호남평야,
나주평야 등으로 건너와 농장을 운영하였고, 조선인의 피와
땀으로 수확된 쌀은 기차와 배로 옮겨져 지주의 배를 불렸다.
억울하게 땅을 빼앗긴 이들은 노예나 다름없는 소작농 생활을
하며 근근히 삶을 유지할 수밖에 없었다.

성난 민심은 마침내 1919년에 폭발하였다. 3·1운동의
함성이었다. 1900년을 즈음하여 들어온 여러 선교사도 여기에
큰 힘을 보태었다. 선교사가 운영하던 학교의 학생들은
독립선언서를 복사하고 배부하는 등 시위를 주도하였고,
선교사들은 조선의 소식을 외국으로 전달하였다. 3·1운동의
경험을 안고 성장한 이들은 이후 독립운동가의 길을 걷거나,
다시 고향으로 돌아와 핍박받는 조선인을 위한 사회 활동을
펼쳤다.

여느 지역과 마찬가지로 전라도 역시 독립운동과 관련한
다양한 사적지로 가득하지만, 여기에서는 익산과 전주, 정읍,
김제, 군산을 살펴본다. 먼저 익산에서는 3·1만세운동의
열기로 시작된 4·4만세운동의 흔적을 살피고, 만세운동을
주도하였던 여러 인물의 지난날을 돌아본다. 정읍과
김제에서는 수탈의 흔적을 되짚는다. 농장 관리를 위해 지어진

사무실과 창고 건물, 농장에서 일하는 여러 인물의 치료를 위해 마련된 병원을 본다.

다음은 군산이다. 군산은 오래도록 번화한 항구도시였고, 덕분에 일제강점기 동안 선교와 교육의 중심지로 기능하였다. 이렇게 마련된 교회와 학교는 독립운동의 구심점이기도 했다. 학생들은 앞다투어 만세를 외쳤고, 여러 선교사는 학생들을 보호하는 한편 한국의 소식을 외국으로 전했다. 마지막으로 전주에서는 한국의 근대의학을 상징하는 예수병원을 돌아볼 수 있다.

전라도에서 세브란스와 관련된 인물로는 김병수(金炳洙, 1898 – 1951, 1921 졸업)와 이영춘(李永春, 1903 – 1980, 1929 졸업)을 들 수 있다. 먼저 김병수는 세브란스연합의학전문학교에 재학생 시절, 군산과 서울의 만세 운동을 주도하였고, 이후 익산에 삼산의원(三山醫院)을 개원하여 마찬가지로 많은 아픈 이들을 치료하였다. 이영춘은 세브란스연합의학전문학교를 졸업한 뒤, 농촌 위생을 개척한 인물이다. 제일의 치료는 예방이라는 신념을 실현하기 위해 연구소와 병원을 종횡무진하며 고군분투하였다.

전라도 지역을 답사할 때에는 기차편과 차편 모두 편리하다. 익산역과 전주역 등에 KTX가 정차하며, 그 외의 지역도

철도로 이동할 수 있다. 물론 하루에 여러 지역을 답사하고 싶다면 차편이 좋다. 여기에서 살펴볼 익산과 전주, 정읍, 김제, 군산 모두 근처에 있지만, 몇몇 답사지의 경우에는 대중교통으로 가닿기 힘든 곳에 있기 때문이다. 편리한 곳에 숙소를 두고 하루에 한두 도시를 살펴보는 방법도 생각해볼 만하다.

익산에서는

돌아볼 곳

송학동
3·1운동기념비
3·1독립운동 4·4만세기념공원
중앙동
남중동
원광대학교
익산대학교
익산병원
수도산체육공원
신흥동
익산산업단지
예인음악예술고등학교
인수리
창평리
발산리
우석대학교
온수리
삼산의원

3·1운동기념비

전라북도 익산시 익산대로 153 익산역 광장

익산역 광장에는 여러 기념비와 추모비가 놓여
있다. 한편에는 평화의 소녀상이 놓여있고, 또 다른
한편에는 4·19학생의거기념탑과 1950년 미군의
이리폭격희생자위령비가 있다. 다른 곳의 소녀상과 달리 익산
평화의 소녀상은 입상(立像)으로 제작되어 당당한 모습을
드러내고 있다. 박근혜 정부가 체결한 한일 일본군 위안부
협정문을 지르밟고 있는 모습은 사뭇 감동적이기까지 하다.
미군의 이리 폭격은 익산이 겪은 또 다른 비극이다. 1950년
7월 11일 미군의 폭격기가 이리역에 폭탄을 떨어뜨렸고, 이에
따라 수백의 한국인이 사망하고, 더 많은 이가 부상을 입었다.
4일 후인 7월 15일에는 미군 전투기가 다시 돌아와 폭격으로
파괴된 곳을 복구하던 이들에게 폭탄과 총탄을 쏟아 부었다.
아직까지도 진상 조사와 피해 보상이 완료되지 않은 오늘날의
문제이다.

　　　　　　　　　근대의학과 의사 독립운동 탐방기

그 옆에는 수많은 군중이 만세를 외쳤던 1919년 4월 4일의
시위를 기념하는 3·1운동기념비가 있다. 익산역 광장에
놓인 여러 비석은 한국이 겪어야 했던 수많은 비극을 오롯이
보여준다. 이리 폭격 희생자 위령비에 새겨진 채규판의 시
〈유현(幽玄)에 떠도는 세월(歲月)〉의 일부이다.

역사는 되돌릴 수 없다
역사는 피울림에 젖고
한에 얼룩진 피바다
이 유현에 떠는
광장에 섰다.

익산역 광장의 3·1운동기념비
1971년 8월 15일, 광복절을 맞아 세워졌다. 전국의 3·1운동기념비는 모두
비슷한 모습이다.

국내 편

익산역 광장의 4·19학생의거기념탑
전북대학교와 원광대학교 등에 재학 중이던
3,000여 명의 학생들이 자유당 타도를
외치며 투쟁했던 그날을 기리기 위하여
세워졌다.

1950년 미군의 이리폭격희생자위령비
미군의 폭격으로 억울하게 희생당한 수백
민중의 넋을 위로하기 위해 세워졌다.
뒷면에는 채규판의 시 〈유현(幽玄)에 떠도는
세월(歲月)〉이 새겨져 있다.

근대의학과 의사 독립운동 탐방기

3·1운동 4·4만세기념공원

전라북도 익산시 인북로10길 25

아린 마음을 안고 주현동 남부시장 인근으로 발을 옮기자.
3·1독립운동 4·4만세기념공원이 있는 곳이다. 기념공원의
중심에는 문용기(文鏞祺, 1878 - 1919) 열사의 동상이 놓여있다.
문용기는 4월 4일의 만세운동을 주동한 인물이다. 일본군
헌병이 휘두른 칼에 오른팔이 떨어져나가자 다시 왼팔로
태극기를 들어 올렸고, 왼팔마저 베어지자 굴하지 않고
입으로 만세를 외쳤다는 일화가 전해진다. 이런 그를 기리기
위해 1949년 이리부민회가 순국열사비를 세웠고, 2015년에는
익산 시민이 힘을 보아 동상을 올렸다. 그리 크지는 않지만,
의미는 결코 작지 않은 공원이다. 한편에는 작은 고양이가
공원을 집 삼아 살고 있다.

3·1독립운동 4·4만세기념공원

주현동 남부시장 인근의 기념공원 입구이다. 입구를 들어서면 좌측에는 문용기 열사의 동상이, 우측에는 순국열사비가 놓여 있다.

문용기 열사의 동상

오른팔로 태극기를 들고 만세를 외치는 문용기 열사의 모습이다. 오른팔이 베이자 왼팔로 태극기를 들었고, 왼팔이 베이자 다시 입으로 만세를 외쳤다는 일화가 전해내려 온다.

문용기 열사 순국열사비

광복이 되고 몇 년 후에 세워진 문용기 열사 순국열사비다.

삼산의원

전라북도 익산시 중앙로 22-253

익산에서 마지막으로 돌아볼 곳은 삼산의원이다. 삼산의원은 김병수(金炳洙, 1898 - 1951)가 개원한 병원이다. 전라북도 김제 출신의 김병수는 세브란스의학전문학교 재학 중 1919년 3월 6일의 군산 만세운동을 계획하는 한편, 같은 날 일어난 서울 남대문의 만세운동을 주도하였다. 1920년 보안법 위반으로 실형을 선고 받고 옥고를 치렀고, 이후 1922년에 삼산의원을 개원하였다. 동시에 그는 사재를 털어 광희여숙(光熙女塾)을 설립하여 여성 교육에 공헌하는 한편, 광복 후에는 건국준비위원회 부위원장을 맡기도 했다. 1946년에는 세브란스 재단법인 이사를 지냈고, 1947년에는 초대 이리부윤과 대한농민총연맹전국위원회 부위원장에 취임하였다. 6·25전쟁 당시에는 제5육군병원 군의관으로 활약하였고, 고향에 돌아온 뒤에는 구국총력연맹 위원장으로 활동했다. 이러한 공훈을 기념하기 위하여 1983년에는 대통령표창이, 1990년에는 건국훈장 애족장이 추서되었다. 당시 삼산의원은 한국인이 운영하는 몇 안 되는 병원이었다. 건물이 웅장하고 훌륭하여 광복 이후에는 한국무진회사, 한국흥업은행, 국민은행 등으로 이용되었고, 최근에는 식당으로 쓰였다. 답사가 진행 중이던 2018년 6월에는 익산역 앞의 예술문화의거리로 이전 복원 공사가 진행 중이었으며, 공사 이후에는 익산의 근대 역사를 알리는 박물관과 전시관으로 사용될 예정이라고 한다. 한편 삼산의원의 정신은 김병수의 아들과 며느리인 김신기(1952년 졸업), 손신실 부부에 의해 이어지고 있다. 세브란스의과대학을 졸업한 김신기와 전남대학교 의과대학을 졸업한 손신실은 대를 이어 삼산병원을 운영하다가, 1986년부터는 익산시 왕궁면에 위치한 한센인 정착농원인 익산복지농원이 설립한 한일기독의원에서 한센인을 포함한 많은 이들을 진료하였다. 2007년 병환으로 잠시 진료를 중단한 이후, 2009년부터 한일기독의원을 인수하여 삼산의원의 이름을 걸고 다시 진료 중이다.

근대의학과 의사 독립운동 탐방기

익산시 중앙로 삼산의원
르네상스풍의 2층 건물로 김병수가 개원하여 운영하였다.

삼산의원 터
답사가 진행 중이던 2018년 6월에는 이전 복원 공사 중이라 건물이 남아있지 않았다. 익산역 앞의 예술문화의거리로 옮겨져 박물관과 전시관으로 재개장될 예정이다.

왕궁면 삼산의원
김병수의 아들 내외인 김신기와 손신실 부부가 익산시 왕궁면에서 삼산의원이라는 간판을 내걸고 병원을 운영하고 있다.

전주에서는

돌아볼 곳

전주기전대학

중화산동

학산서원비

전주신흥고등학교

중앙동

예수대학교

예수병원
의학박물관

다가공원

다가동

동산1단지아파트

전주화산교회

완산동

완산공용정류장

오페라하우스아파트

낙원맨션아파트

효자동

예수병원, 의학박물관

전라북도 전주시 완산구 서원로 365

전주 예수병원은 120여 년의 역사를 자랑하는 기독교
선교 병원이다. 조선총독부에 의해 강제 폐원된
8년의 세월과 한국전쟁으로 인한 임시 폐원을 제외하면,
볼티모어여자의과대학을 졸업한 선교사 마티 잉골드(Mattie
B. Ingold)가 작은 집 한 채를 구입하여 진료를 펼치기 시작한
1898년 11월 3일 이래로 굳건하게 전주를 지켜왔던 병원이다.
1949년 한국 최초로 인턴제도를 도입하는 등 의학교육에도
적지 않은 영향을 미쳤으며, 1960년대에는 기생충 박멸에도
앞장 서는 등 사회적인 책임을 다하는 모습을 보이고 있다.
2009년에 개관한 예수병원의학박물관에는 비단 예수병원의
역사뿐 아니라 한국 근현대 의료를 상징하는 다양한 유물이
전시되어있으니, 반드시 관람해보자.

전주 예수병원 의학박물관
예수병원에서 운영하는 박물관이다.
한 층 규모이지만, 예수병원과 한국
근현대 의료의 지난날을 보여주는
다양한 유물이 알차게 전시되어 있다.

근대의학과 의사 독립운동 탐방기

정읍·김제에서는

돌아볼 곳

죽산면 구 일본인농장 사무실
(하시모토농장 사무소)
죽산교
죽산면
김제시
흥산리
신덕동
쌍궁교
신흥리
연포리
벽골제
금강리
금강교회
부량보건지소
옥정리
대평리
벽량초등학교
화호리 구 일본인농장 가옥(구마모토농장 가옥)
백룡초등학교
쌀창고 및 화호중앙병원
인상고등학교
정읍시
화호리

화호리 구 일본인농장 가옥(구마모토농장 가옥), 쌀창고 및 화호중앙병원

[화호리 구 일본인농장 가옥(구마모토농장 가옥)] 전라북도 정읍시 신태인읍 화호2길 12-8
[화호리 구 일본인농장 쌀창고 및 화호중앙병원] 전라북도 정읍시 신태인읍 화호2길 16

정읍과 김제에서는 일제강점기 동안 진행된 일본인의
수탈을 목격할 수 있다. 김제 화호리의 구마모토농장과 김제
죽산면의 하시모토농장의 흔적이다. 일본인 지주들은 광활한
평야를 자랑하는 정읍과 김제에 진출하여 막대한 양의 쌀을
수탈하였으며, 여기에서 생산된 쌀은 인근의 군산항을 통해
일본으로 반출되었다. 김제 화호리에는 농장주 구마모토
리헤이(熊本利平)의 가옥과 농장 직원의 사택, 또 다른 지주
다우에 타로(田植太郎)의 가옥 등이 다양하게 남아있어 수탈의
흔적을 증거한다. 화호리에서는 특히 병원으로 사용된 여러
채의 건물이 눈에 띤다. 하나는 화호자혜진료소로 사용된
일층 목조건물이다. 원래는 기역자 모양이었으나 지금은
일자로 전해지는데, 농장 소작인의 질병 치료를 목적으로
세워진 건물이다. 또 하나는 마을 입구에서 마주할 수 있는
미곡 창고 건물이다. 1947년부터 화호중앙병원 건물로

사용되다가 이후 화호여자중학교로 바뀌었으며, 오늘날에는
스산한 폐허로 남아있다.

화호리 구 일본인농장 가옥(구마모토농장 가옥)
구마모토농장에 소속되었던 일본인 주택이다. 정면 좌측에는 응접실과 사무실이,
우측에는 생활공간이 배치되어 있으며, 두 공간은 복도로 연결되어 있다.

화호리 구 일본인농장 쌀창고 및 화호중앙병원

구마모토농장의 미곡을 저장하던 창고이다. 여기에 저장된 쌀은 이후 군산항을 통해
일본으로 반출되었다. 이후 화호중앙병원과 화호여자중학교 건물로 사용되었다.

화호리 구 일본인농장 화호자혜진료소

구마모토농장에 설치되었던 자혜진료소 건물이다. 원래는 기역자 건물이었으나
오늘날에는 일자로 전해진다.

근대의학과 의사 독립운동 탐방기

죽산면 구 일본인농장 사무실(하시모토농장 사무소)

전라북도 김제시 죽산면 죽산로 111-1

김제 죽산면 구 일본인농장 사무실(하시모토농장 사무소)
죽산면에서 농장을 운영하던 일본인의 사무소이다. 광복 후에는 병원으로 이용되다가
1968년 이후에는 농업기반공사 동진지부 죽산지소로 35년간 사용되었다.

발을 옮겨 김제로 향하자. 앞서 살펴보았듯, 김제 역시도
정읍과 마찬가지로 너른 평야가 펼쳐져 있어 일본인의
수탈이 집중되었던 곳이다. 그러나 화호리와 비교하면

김제 죽산면에는 하시모토농장 사무소 건물만이 남아있어, 둘러볼 시설물이 많지 않은 편이다. 물론 아쉬워할 필요는 없다. 조정래의『아리랑』이 죽산면의 수탈과 소작쟁의 등을 담아내고 있기 때문이다. 글은 때로 현장만큼이나 생생하다.

돌아볼 곳

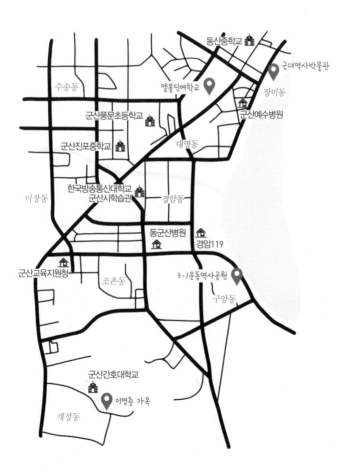

동산중학교

근대역사박물관

멜볼딘여학교

수송동

장미동

군산풍문초등학교

군산예수병원

군산진포중학교

대명동

한국방송통신대학교
군산시학습관

미장동

경암동

동군산병원

경암119

군산교육지원청

조촌동

3·1운동역사공원

구암동

군산간호대학교

이영춘 가옥

개정동

이영춘 가옥

전라북도 군산시 동개정길 7

군산에서 처음으로 둘러볼 곳은 이영춘(李永春, 1903 – 1980)
박사의 가옥이다. 이영춘은 세브란스의학전문학교를
졸업하고 모교의 병리학교실에서 연구를 이어가다가,
전라북도 군산 개정면, 당시 이름으로는 옥구군 개정면으로
내려갔다. 앞서 김제에서 살펴본 구마모토농장의 소작인을
진료하기 위함이었다. 구마모토가 이영춘을 고용한 숨겨진
의도는 물론 의료를 제공함으로써 소작인의 저항을 완화하는
데 있었겠으나, 이영춘은 여기에서 농촌 의료를 개선시킬
가능성을 보았다. 이영춘은 군산의 개정과 대야(大野),
정읍 화호 등을 오가며 진료를 이어나갔다. 앞서 살펴본
화호자혜진료소는 이러한 활동이 이루어진 여러 진료소
가운데 하나였다.

그러나 이영춘은 환자 개별의 치료에만 머무르지 않았다.
이미 질병이 발생한 뒤에 약을 쓰기보다는 처음부터 질병을

근대의학과 의사 독립운동 탐방기

예방하는 일이 보다 근본적인 치료라 생각했기 때문이다. 이는 세브란스의학전문학교의 교장 에비슨의 가르침이기도 했다. 이영춘이 졸업하던 해, 에비슨은 이런 말을 남겼다. "질병을 치료하는 것보다 그것을 예방하는 것이 최선책이며, 공중보건이야말로 의학의 궁극적 목적이다." 이영춘은 이 말을 평생의 좌우명으로 삼았다.

공중보건의 구현을 위해 이영춘은 농촌위생연구소를 설립하고자 했다. 농장주 구마모토가 재산을 기증했지만, 총독부는 전쟁 중이기 때문에 그런 데에는 한 푼도 사용할 수 없다는 입장을 고수했다. 이영춘의 꿈은 1948년에 비로소 이루어졌다. 농촌위생연구소와 부속 진료 기관인 화호 중앙병원, 개정 중앙병원, 그리고 각 지역의 진료소가 유기적으로 연결된 조직이었다.

이후 이영춘은 화호여자중학교, 개정간호대학, 모세스영아원 등을 설립하고, 농민의료보험을 도입하기도 하였다. 살아생전 거주하던 가옥은 오늘날의 봉정요양병원과 군산간호대학교 부지에 보존되어, 이영춘의 활동을 보여주는 박물관으로 활용되고 있다. 너른 잔디밭에 펼쳐진 이영춘의 흉상도 함께 찾아보자.

이영춘 박사 가옥

구마모토농장에서 일하던 이영춘의 가옥이다. 오늘날에는 이영춘 박사의 삶과
농촌위생연구소에서의 활동을 보여주는 박물관으로 이용되고 있다.

이영춘 박사 동상

봉정요양병원 중앙의 잔디밭 가운데에 놓인 이영춘
박사 동상이다.

근대의학과 의사 독립운동 탐방기

3·1운동역사공원

전라북도 군산시 구암동 영명길 29

다음으로 살펴볼 곳은 3·1운동역사공원이다. 역사공원
입구에서 차례로 군산 3·1운동기념관으로 사용되는 옛
구암교회 건물, 3·1독립운동기념비, 3·1운동 100주년
기념관, 기념 조형물이 위치한다. 군산의 3·1운동은
1919년 3월 6일에 진행되었다. 앞서 삼산의원에서 살펴본
김병수가 세브란스의학전문학교 재학 도중 독립선언서를
가져와 구암교회 장로이자 영명학교 교사였던 박연세(朴淵世,
1883 - 1944)에게 전달하였고, 영명학교에 다니던 여러
학생이 시위에 사용될 태극기와 독립선언서를 준비하였다.
그러나 사전에 계획이 발각되면서 박연세 등이 체포되었고,
이에 따라 학생들과 군산교회 교인, 구암예수병원 직원,
군산공립보통학교 학생, 여러 시민 등이 거리를 행진하며
만세를 외쳤다. 이러한 역사적 의의를 담아 100주년 기념관은
영명학교를 그대로 재현한 모습으로 건축되었으며, 옛
구암교회 역시 기념관으로 운영되고 있다.

옛 구암교회 건물
오늘날에는 군산 3·1운동기념관으로 사용된다.

군산 3·1독립운동기념비
호남 선교 100주년 기념비와
함께 세워져 있다.

근대의학과 의사 독립운동 탐방기

3·1독립운동 기념 조형물

3·1운동 100주년 기념관
영명학교를 그대로 재현한 모습으로 건축되었다. 알찬 전시와 더불어 체험할 거리도 여럿 마련되어
있다.

멜볼딘여학교

전라북도 군산시 둔배미길 21 (군산 영광여자고등학교)

멜볼딘여학교는 남학생의 교육을 도맡던 영명학교와
함께 여학생의 교육을 담당하던 곳이다. 현재 군산
영광여자고등학교로 이어지고 있다. 이곳에도
멜볼딘여학교의 지난날을 담은 박물관이 설치되어 있다.
영광여자고등학교 교직원의 열성적인 설명도 함께 들을 수
있다.

군산 영광여자고등학교 학교역사관
멜볼딘여학교에서 시작하여 오늘날의 영광여자고등학교에
이르는 오랜 역사가 전시되어 있다.

국내 편

근대역사박물관

전라북도 군산시 해망로 240

답사의 마무리는 근대역사박물관이 좋겠다. 2011년에 개관한 곳으로 군산 지역의 근대사를 알차게 담고 있다. 1층의 해양물류역사관에서는 군산을 중심으로 진행된 해상 유통의 지난날이 전시되어 있으며, 2층 독립영웅관에서는 군산의 독립운동은 물론이거니와 군산에서 나고 자라 해외에서 독립운동을 전개했던 여러 독립투사의 행적이 정리되어 있다. 3층의 근대생활관은 근대의 일상을 다룬다. 고무신 상점과 술도매상, 영명학교, 토막집 등이 재현되어 엄혹했던 시대의 생활을 엿볼 수 있게 한다.

군산 근대역사박물관

2011년에 개관한 근대 역사 전문 박물관이다. 근대 군산의 해상 유통과 독립운동, 일상생활 등을
폭넓게 담고 있다.

독립과 선교를 향한 열망의 실현
강릉, 원주, 춘천

강릉

강릉중앙감리교회
기도소 터
강릉 3·1독립만세운동기념탑

원주

문이비인후과
서미감병원
소초면 독립만세기념비

춘천

춘천중앙교회
이병천 집터
춘천고등보통학교
춘천농공고등학교

이제는 왕래가 어렵지 않지만, 일제강점기만 하더라도 강원도를 오고가는 일은 꼬박 며칠을 잡아야 하는 험난한 여정이었다. 대관령 길은 너무 좁아서 강릉에서 오전 6시에 출발한 차가 오후 9시나 되어서야 서울에 도착하곤 했고, 서울과 춘천을 잇는 경춘선은 1939년이 되어서야 개통되었다. 그 전까지 철도가 없었던 도청 소재지는 춘천이 유일했으니, 강원도는 가히 교통의 불모지라 해도 과언이 아니었다.

그러나 오고감의 불편함은 독립과 선교를 향한 열정을 꺾지 못했다. 일제의 만행에 대항하여 나라를 되찾으려는 만세의 함성은 산을 넘고 물을 건너 사람들에게 전해졌고, 강원도의 사람들은 기다렸다는 듯 함께 모여 독립을 외쳤다. 여러 선교사 역시 마찬가지였다. 교육과 봉사를 향한 굳건한 마음 앞에 높은 산과 깊은 물은 아무런 문제가 되지 않았다.
덕분에 강원도는 독립운동을 계획하고 실행했던 수많은 장소와 민족의 실력을 양성하고 고통 받는 민중의 아픔을 돌보아주었던 여러 교회로 가득하다. 이를 모두 돌아볼 수만 있다면 더할 나위 없이 좋겠지만, 여기에서는 일부만을 살펴본다.

먼저 강릉에서는 강릉중앙감리교회의 어제와 오늘, 그리고 삼일운동을 기념하는 탑을 본다. 일제강점기 당시 교회는 단순한 선교 기관이 아니었다. 교회는 근대적인 형태의 교육을 담당함으로써 민족의 실력을 양성하는 중심이었고, 동시에 사람들의 독립운동을 후원하고 보호하는 역할을 맡기도 했다. 강릉중앙감리교회와 삼일운동기념탑을 둘러보며, 교회의 역할에 대해 다시 생각해보자.

다음으로 원주에서는 서미감병원과 문창모 박사의 흔적, 그리고 독립만세기념비를 살펴본다. 미국 북감리회는 한국 선교 25주년을 맞아 병원을 건립하였고, 이렇게 세워진 서미감병원은 강원도 영서 및 남부 지역의 유일한 종합병원으로서 지역민의 질병을 치유하는 데 큰 역할을 하였다. 문창모 박사는 서미감병원의 후신인 원주연합기독병원의 초대 병원장이다. 독립운동으로 고초를 치른 뒤 의사가 되었으며, 봉사를 위해 평생을 바쳐 '원주의 슈바이처'로 알려진 인물이다. 서미감병원의 역사와 문창모 박사의 삶은 선교와 의업이 무엇을 향해야 하는지 돌아보게 한다.

마지막으로는 춘천을 향한다. 춘천에서는 춘천중앙교회와 함께 항일운동의 두 축을 이루었던 춘천고등보통학교와 춘천농공고등학교를 돌아본다. 일제강점기 당시 고등학교 학생들은 민족적 정체성과 사회적 책임감으로 무장한 독립운동의 선봉이었다. 이들은 여러 번의 탄압에도 뜻을 굽히지 않았으니, 이들을 기념하는 탑을 답사하며 그 굳건한 의지를 되새기는 것도 의미 있는 답사이겠다.

강릉에서는

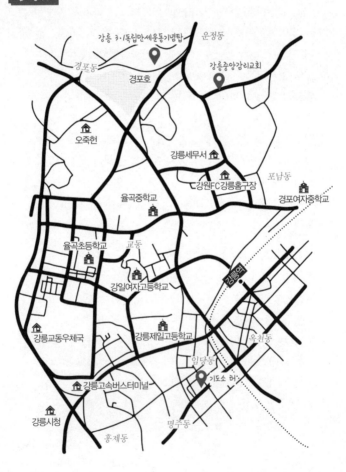

강릉 3.1독립만세운동기념탑

운정동

경포동

경포호

강릉중앙감리교회

오죽헌

강릉세무서

포남동

강원FC강릉홈구장

율곡중학교

경포여자중학교

율곡초등학교

교동

강일여자고등학교

강릉역

강릉교동우체국

강릉제일고등학교

옥천동

임당동

기도소 허

강릉고속버스터미널

강릉시청

명주동

홍제동

강릉중앙감리교회, 기도소 터

[강릉중앙감리교회] 강원도 강릉시 난설헌로 20
[기도소 터] 강원도 강릉시 경강로 2079 (유암빌딩 메디컬센터)

대한감리회 강릉중앙감리교회는 1901년 선교사 하디(R.A. Hardie, 1865-1949)가 명주동 명국성의 초가에서 첫 예배를 드림으로써 시작되었다. 하디는 토론토 의과대학을 졸업한 의사이자 남감리교회에서 선교사를 맡은 목사로, 제중원을 거쳐 부산, 원산, 개성 등지에서 의료선교를 한 뒤, 다시 원산을 중심으로 강원도 선교를 맡았다. 이후 5대 목사로 부임한 안경록(安慶祿, 1882-1945)이 부임한지 7년이 되던 1921년에 목조 한식기와집을 올려 강릉예수교 미감리회당으로 이름을 바꾸었다.

안경록은 '105인 사건'으로 고초를 겪은 독립운동가였다. 일제는 평안도 지역의 민족주의자를 탄압하기 위해, 기독교 인사 600여 명에게 데라우치 총독을 암살하려 했다는 죄목을 뒤집어씌웠다. 이때 안경록도 6년형을 선고받고 수감생활을 하였으며, 1914년이 되어서야 출옥할 수 있었다.

국내 편

1919년의 만세 운동이 강릉에 도달하자, 안경록은 교회의
청년을 규합하여 강릉지방 만세시위를 계획하였다. 이들은
4월 2일의 강릉 장날을 이용하여 태극기를 뿌리며 시위를
주도하였고, 안경록은 이 일로 또다시 옥고를 치렀다.
하얼빈과 고양 답사에서도 다루었던 이가순, 이원재 부자도
안경록과 함께 했다.

오늘날의 강릉중앙감리교회는 2009년 12월에 이전한
건물이므로, 예전 모습은 그대로 남아있지 않다. 그러나
과거 건물에 쓰였던 머릿돌이 현재 건물의 머릿돌 옆에
나란히 놓여 있고, 교회 내부에도 지난 역사를 기억하는
간단한 전시가 마련되어 있으므로, 이를 참고할 수 있다.
교회 한편에 놓인 안경록 목사상도 빠지지 않고 둘러보자.
강릉중앙감리교회가 첫 발을 내딛었던 기도소 터는 현재 병원
건물로 쓰이고 있다.

근대의학과 의사 독립운동 탐방기

오늘날의 강릉중앙감리교회
옛 모습을 찾아볼 수는 없지만, 교회 내부에 과거를 기억하는 작은 전시가 마련되어 있다.

강릉중앙감리교회 옛 건물의 머릿돌
새로 지어진 건물의 머릿돌과 나란히 놓여 있다.

안경록 목사의 흉상
'105인 사건'으로 고초를 겪은 안경록
목사를 기념하기 위해 세워졌다.

옛 기도소 터
지금은 과거의 흔적이 전혀 전해지지 않는다.

강릉 3·1독립만세운동기념탑

강원도 강릉시 경포로 330

발을 옮겨 경포호로 향하면, 호숫가 한편에 놓인 탑을 발견할
수 있다. 삼일독립만세운동을 기리는 기념탑이다. 여느
지방과 마찬가지로, 강릉의 만세운동 역시 작지 않은 규모로
진행되었다. 4월에 시작된 만세의 함성은 5월까지 이어졌고,
총 참가 연인원은 1만여 명에 달했다. 당시 강릉의 인구가 1만
명 언저리였음을 감안한다면, 만세운동의 열기를 짐작할 수
있겠다.

기념탑의 건립은 비교적 빠르게 이루어진 편이다. 광복절을
하루 앞둔 1998년 8월 14일 강릉 3·1독립만세운동기념탑
건립위원회가 구성되어, 이듬해 4월 13일 대한민국임시정부
수립기념일에 준공이 완료되었다. 기념탑 옆에는 강릉의
여러 독립투사를 기리는 흉상과 소녀상이 함께 놓여 슬픈
현실에 굴하지 않았던 우리 내 과거를 기억하고 있다. 주변에
함호영이 지은 시에 홍난파가 가락을 붙인 〈사공의 노래〉

노래비가 있으니, 노래를 들으며 잠시 휴식을 취하는 것도
좋겠다.

경포호 근처의 만세운동기념탑
큰 규모로 진행되었던 강릉 지방의 만세운동을 기념하기 위해 세워졌다.

세운동기념탑 옆에 놓인 소녀상
시민들이 꽃목걸이와 꽃바구니 등을 가져다
놓았다.

소녀상과 함께 기념탑 옆에 자리 잡은 독립운동가의 흉상
대한제국 말엽부터 일제강점기까지의 인물이 총망라되어
있다.

　　　　　　　　　　　　근대의학과 의사 독립운동 탐방기

원주에서는

돌아볼 곳

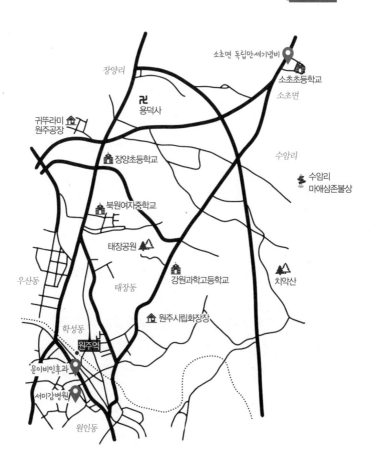

장양리

소초면 독립만세기념비

소초초등학교

소초면

용덕사

귀뚜라미
원주공장

수암리

장양초등학교

수암리
마애삼존불상

북원여자중학교

태장공원

우산동

강원과학고등학교

치악산

태장동

원주시립화장장

학성동

원주역

운이비인후과

서미감병원

원인동

문이비인후과

강원도 원주시 원일로 173

강원도 원주시에는 특별한 거리가 있다. '문창모 거리'라
불리는 원일로 115번길이다. 문창모는 서울 배재학교에
재학하던 중 학생회장으로서 1926년 6·10만세운동을
주도하였고, 이 때문에 서대문형무소에서 옥살이를 하였다.
1931년에는 세브란스의학전문학교를 졸업하여 해주에서
개원하였으며, 선교사가 운영하던 해주 구세병원의 안과
과장으로 재직하다 시장에 당선되기도 하였다.
시장이 당선되고 한 달 후 공산당 정권이 들어서자
월남하였으며, 인천도립병원장, 국립마산결핵요양소장,
세브란스병원장, 대한결핵협회 사무총장을 지낸 뒤 1958년
원주세브란스기독병원의 전신인 원주연합기독병원장으로
부임하였다. 1964년에는 문이비인후과를 개원하여 43년 동안
일선에서 진료했으며, 특히 가난한 환자가 부담 없이 병원
문턱을 넘을 수 있도록 진료비에 크게 개의치 않았다.

근대의학과 의사 독립운동 탐방기

한국전쟁 당시에는 결핵을 퇴치에 힘썼고, 1953년에는
그 동안의 경험을 바탕으로 대한결핵협회를 조직하여
크리스마스실 발행을 주도하였다. 이 외에도 한센병 집단촌을
이끌고 맹아학교를 운영하던 등 사회복지 활동에도 힘썼으며,
국회의원으로 활동하기도 했다.

시민들에게 '원주의 슈바이처'라 불리는 문창모 박사이지만,
애석하게도 그가 운영하던 문이비인후과는 식당 건물을 거쳐
회사 건물로 사용되고 있다. 그렇다면 문창모의 흔적은 이제
온전히 사라진 것일까. 그렇지 않다. 그의 지난날이 남아있는
또 다른 장소, 원주세브란스기독병원으로 발을 옮겨보자.

문창모가 운영하였던 문이비인후과 건물 터.
병원은 사라지고, 지금은 회사 건물이 올라가
있다.

서미감병원

강원도 원주시 일산로 20 (원주세브란스기독병원)

원주세브란스기독병원은 중부권을 대표하는 최대 규모의
대학병원이다. 그러나 병원의 상징성은 병상 수에만
머무르지 않는다. 크기도 크기거니와, 역사 역시 깊고 오래기
때문이다. 원주세브란스기독병원은 1913년에 완공된
서미감병원(瑞美監病院)에 뿌리를 둔다.

1910년은 미국 북감리회가 한국에 들어온지 25년이 되던
해였다. 이를 기념하기 위해 병원 설립이 추진되었고,
앤더슨(A. G. Anderson) 선교사가 한국으로 파송되어 이 일을
도맡았다. 병원 건설에 필요한 자금 대부분은 미국으로
이주한 스웨덴감리교회 신자들의 모금으로 마련되었다.
새로이 지어진 병원이 '스웨디쉬 감리교병원(The Swedish
Methodist Hospital)' 또는 이것의 한자 표현인 '서미감병원'으로
불린 이유이다.

서미감병원은 그리 크지는 않았지만, 강원도 영서 및 남부

근대의학과 의사 독립운동 탐방기

지역의 유일한 종합병원으로서 선교 본부의 역할을 톡톡히 하던 내실있는 병원이었다. 이후 앤더슨이 평양으로 자리를 옮겨 잠깐 폐쇄되었다가 1925년 맥마니스(S. E. McManis) 선교사의 부임으로 다시 개원하였지만, 결국 1933년 미감리회 선교부의 사정으로 문을 닫게 되었다.

서미감병원이 다시 개원한 것은 광복 이후의 일이었다. 쥬디(C. W. Judy) 선교사와 라우드(T. R. Larwood) 선교사 등이 차례로 한국을 방문하여 병원 건축을 추진하였고, 미감리교 구제위원회, 미감리교 선교부, 캐나다연합교회 선교부와 국제연합 한국부흥회 등이 힘을 모아 1957년 11월 다시 '원주연합기독병원'을 열게 되었다.

이후 1973년 '원주기독병원'으로 개칭한 뒤, 병원 재단이 연세대학교 재단과 합병하고 1977년에 설치된 연세대학교 의과대학 원주분교가 1982년 원주의과대학이 되면서 1983년 '연세대학교 원주의과대학 부속 원주기독병원'으로 전환하였다. 2013년에는 다시 '원주세브란스기독병원'으로 명칭을 변경하였다.

병원 곳곳에는 지난날의 흔적이 남아있다. 먼저 찾아볼 곳은 서미감병원이 있었음을 알리는 비석이다. 비석에는 병원의 건설을 책임졌던 앤더슨 선교사의 얼굴과 친필 서명과 함께, 그가 남긴 기도문이 새겨져있다. 비석 뒷면에는 앤더슨이 직접 작성한 서미감병원의 건축 과정이 간략하게 새겨져 있다.

의대 기숙사와 강의동 근처로 자리를 옮기면, 붉은 벽돌로
지어진 당당한 건물이 나온다. 1918년에 건축된 선교사
사택이다. 오늘날에는 일산사료전시관으로 사용되고 있으며,
2017년 12월 등록문화재 제701호로 지정되었다.

마지막으로 둘러볼 곳은 원주연합기독병원의 초대 원장을
맡았던 문창모의 동상과 기념관이다. "나는 하나님으로부터
의사면허증을 받은 사람"이라는 일념으로 환자를 위하여
봉사하였던 문창모 박사를 기념하기 위해 세워졌다. 본관
앞에는 원주세브란스기독병원의 지난날을 새긴 벽화가
있으니, 답사를 정리하는 마음으로 가보도록 하자.

서미감병원이 있었음을 알리는 비석
앞면에는 앤더슨 선교사의 모습과 기도문이, 뒷면에는
서미감병원의 간략한 역사가 새겨져 있다.

근대의학과 의사 독립운동 탐방기

선교사 사택
2017년 등록문화재 제701호로 지정되었다.

원주의 슈바이처 문창모를 기리며 만들어진 흉상
흉상 뒤에는 문창모 기념관이 건립되어 있다.

소초면 독립만세기념비

강원도 원주시 소초면 치악로 2790(소초면 행정복지센터 경내)

여느 지역과 마찬가지로, 1919년의 원주는 만세의 함성으로
가득했다. 흥업리, 매호리를 비롯한 원주 전역에서 시위가
일어났고, 일본군 헌병대의 강압적인 진압이 뒤따랐다.
소초면의 시위는 조금 더 일찍 시작되었다. 행정구역상으로는
원주에 속하지만, 생활권은 횡성군과 묶여있기 때문이었다.
소초면 사람들은 1919년 4월 1일에 열린 횡성 장터에서 함께
만세를 불렀고, 이때 둔둔리의 하영현과 강사문이 일제에
의해 피살되었다.
하영현과 강사문의 죽음은 또 다른 만세운동으로 이어졌다.
마을 사람이 모두 모인 장례는 시위를 계획하는 근거지가
되었고, 마침내 4월 5일 소초면 주민 300여 명이 면사무소를
향하는 부채고개에 모여 만세를 외쳤다. 이들은 면장을
끌어내 만세를 부르게 하고 행진을 하던 중, 일본군 헌병에
의해 해산되었다. 시위를 주도한 신현철과 박영하는 이때

근대의학과 의사 독립운동 탐방기

체포되어 모진 고초를 겪었다.

만세운동을 기념하는 비석은 오늘날의 행정복지센터 경내에 놓여있다. 소초면 독립만세기념비 건립위원회가 주도하고, 원주시와 항일독립운동기념사업회, 소초면독립만세운동유족회, 광복회, 국가보훈처 등이 출연하여 건립한 비석이다. 이를 둘러보며 일제의 강압에 굴하지 않았던 여러 인물들의 의지를 다시 한 번 되새겨보자.

소초면 독립만세기념비
뒷면에 유공자로 인정받은 인물들의 이름이 하나하나 기록되어 있다.

춘천에서는

돌아볼 곳

소양로1가

봉의동

한림대학교

춘천역

춘천고등보통학교 · 춘천농공고등학교

춘천시청

춘천성심병원

후평동

근화동

춘천고등학교

이병천 집터

낙원동

약사동

강원대학교병원

한국방송통신대학교
강원지역대학

효자동

온의동

강남동

춘천교육대학교
부설초등학교

강원대학교

남부초등학교

석사동

춘천교육대학교

춘천중앙교회

퇴계동

춘천중앙교회, 이병천 집터

[춘천중앙교회] 강원도 춘천시 영서로2151번길 30
[이병천 집터] 강원도 춘천시 중앙로67번길 26

춘천중앙교회는 1898년에 설립된 개신교 감리교회로
일제강점기 당시에는 독립운동의 거점으로 기능했던 곳이다.
그러나 춘천의 분위기는 어딘가 특별히 엄혹한 데가 있었다.
이는 춘천이 도청 소재지였기 때문이다. 춘천에는 강원도
경찰 업무를 총괄하는 헌병사령부가 설치되어 있었고,
만세운동이 시작된 이후로는 제79연대 대대본부까지
들어왔다.

이러한 상황에서도 3월 말경이 되면서 만세 분위기가
조성되었지만, 실행은 쉽지 않았다. 일본군은 이미 한국인들이
3월 28일 춘천읍의 장날에 맞추어 시위를 개시할 것임을 알고
있었다. 장터에는 수많은 경찰이 포진했고, 이들은 만세의
첫마디가 떨어지기도 전에 폭력을 행사했다.

춘천의 여러 기독교인은 3·1운동 이후 다시 만세운동 계획을
세웠다. 1919년 4월 23일 세브란스 9회 졸업생인 이병천은

'임시정부선포문'과 '국민대회취지서'를 지니고 춘천에 왔다.
그는 미국인 선교사 테일러의 한국어교사 김흥범에게 문서를
전달하였고, 이는 다시 여러 사람에게 전해졌다.

문서를 전달받은 춘천의 독립운동가들은 춘천중앙교회
3층에 모여 철야회의를 하며, 거사를 계획하였다. 그러나
이는 일제의 관헌에게 탐지되어 결국 실행되지 못하였다.
몰래 숨겨들어 온 독립운동 문서는 이 과정에서 모두
압수당하였다.

시간이 흘러 1919년 11월 29일, 세브란스에 재학 중이던
송춘근은 전도사 김조길에게 독립선언서와 대한민국임시정부
성립축하문 등을 전달하였고, 이는 다시 춘천면장 이동화를
비롯한 여러 인물들에게 전하여졌다. 그러나 일제의 감시는
촘촘하고 또 촘촘했다. 김조길의 자택에 들이닥친 일경은
모든 문서를 압수하고, 관련자를 체포하였다.

차디찬 분위기 속에서도 독립운동의 구심점이 되었던
춘천중앙교회이지만, 오늘날에는 그 흔적이 거의 남아있지
않다. 한국전쟁으로 교회 건물이 훼손되었고, 2001년에는
새로운 건물을 올렸기 때문이다. 그러나 교회에서 지난날을
기억하기 위해 많은 노력을 하고 있으니, 모든 흔적이
사라진 것은 아니다. 여력이 된다면, 교회 안으로 들어가
『춘천중앙교회사』를 읽어보는 것도 좋겠다.

춘천중앙교회
마찬가지로 과거의 모습은 찾아보기 힘들지만, 내부에 지난날을 기억하는 작은 도서관이
마련되어 있다.

독립투사 이병천의 집터
지금은 옛 모습이 온데간데없이 사라지고 없다.

춘천고등보통학교, 춘천농공고등학교

강원도 춘천시 중앙로68번길 37(춘천고등학교)

춘천고등학교의 전신인 춘천고등보통학교와 소양고등학교의
전신인 춘천농공고등학교는 춘천의 독립운동을 상징하는
대표적인 학교이다.

이들의 활동 중에서 가장 유명한 것은 상록회(常綠會)와
독서회이다. 먼저 상록회는 1938년 춘천고등보통학교
재학생과 여러 독립지사들이 모여 창설한 단체로, 이들은
춘천과 만주 등지에서 비밀리에 독립운동을 전개하였다.
춘천고등보통학교에 상록회가 있다면 춘천농공고등학교에는
독서회가 있었다. 춘천농공고등학교는 1919년 당시 전교생이
만세운동에 참여한 강원 유일의 학교로, 천황과 총독에게
통치반대 청원을 보내는 등 강건한 모습을 보였다. 이들은
춘천고등보통학교 상록회와 함께 발을 맞추어 지역의
학생운동을 주도했다.

1938년에는 이들의 활동이 일경에 의해 발각되어 이른바

상록회 사건이 발생하였다. 이 일로 137명이 연행되었고, 10명이 2년 6개월의 징역형을 선고받았으며, 백홍기는 스무 살의 어린 나이에 순국하였다. 하지만 모진 고초에도 상록회의 활동은 그치지 않았고, 1941년 제2차 상록회 사건으로 다시 24명이 검거되어 이광훈과 고웅주가 희생되었다.

이들의 높은 뜻을 기리기 위해 춘천고등학교에서는 1967년 4월 상록탑을 올리고, 매월 4월 25일 개교기념일마다 상록정신을 기리고 있다. 소양고등학교에도 춘천농고항일학생운동 기념탑이 설치되어 있으니, 두 곳을 돌아보며 탄압에 굴하지 않은 여러 학생의 높은 뜻을 되새겨보자.

춘천고등학교 상록탑
두 번에 걸친 상록회 사건에 연루된 여러 인물을 기리기 위해 세워졌다.

소양고등학교 춘천농도항일학생운동기념탑
춘천고등보통학교와 함께 춘천 지역의 독립운동을 주도하던 춘천농공고등학교의 지난날을 기리기 위해 세워졌다.

근대의학과 의사 독립운동 탐방기

1판 1쇄 발행　2019년 2월 21일
1판 2쇄 발행　2019년 7월 12일

엮 은 이　연세대학교 의과대학 의사학과
펴 낸 이　주혜숙

펴 낸 곳　역사공간
등　　록　2003년 7월 22일 제6-510호
주　　소　03996 서울시 마포구 월드컵로 100 한산빌딩 4층
전　　화　02-725-8806
팩　　스　02-725-8801
전자우편　jhs8807@hanmail.net

ISBN　979-11-5707-189-0 03910